Dr. Eckhard Michael
Christiane Stagge
Dr. Jens-Uwe Brinkmann

Hansestadt
LÜNEBURG

Ein Führer
durch die alte Salzstadt

Auf einen Blick

Geschichtliches

Als reiche Salzstadt und als großes mittelalterliches Zentrum gilt Lüneburg – und das trifft zu! Bis zum heutigen Tag legen prächtige Bauten der Gotik und auch der Renaissance Zeugnis davon ab. So gelten das 15. und 16. Jahrhundert als Blütezeit der Stadt.

Darüber sollte nicht in Vergessenheit geraten, dass es – in immerhin mehr als 1000 Jahren dokumentierter Geschichte – auch weniger glückliche Phasen und mancherlei Wechselfälle gegeben hat. Und wer würde vermuten, dass **Johann Sebastian Bach** einen Teil seiner schulischen und musikalischen Ausbildung in Lüneburg erhalten hat und dass **Heinrich Heine** häufig seine Eltern besuchte, als sie zehn Jahre lang in der Stadt lebten. Lüneburg gab und gibt sich vielfältig, wenngleich auf dem einen oder anderen Weg immer wieder auf das Salz zurückverwiesen wird.

Beispiel dafür ist auch die gern und oft erzählte Sage von der Lüneburger Salzsau und dem Beginn der erfolgreichen wirtschaftlichen Entwicklung. Dass man sich dankbar an das Wildschwein erinnert, beweist ein Schinkenknochen, den man dem Publikum als Überrest in den historischen Räumen des Rathauses zeigt.

Wer der Sage nicht vertraut, findet Sicherheit bei urkundlich nachweisbaren Tatsachen. Das älteste Dokument stammt bereits aus dem Jahre 956. Es handelt sich dabei um eine Urkunde König Ottos I., nach deren Wortlaut dem Michaeliskloster auf Bitten des Markgrafen Hermann Billung bestimmte Einkünfte von der Saline übertragen wurden. Dieses Schriftstück steht am Anfang einer reichen Überlieferung zur Stadtgeschichte und vermittelt – auf den ersten Blick vielleicht noch etwas abstrakt – wichtige Informationen. Es weist auf die Existenz des Michaelisklosters hin, das sich, wie zu ergänzen ist, auf dem Kalkberg im Westen der heutigen Stadt befand. Es stand dort in enger, auch baulicher Verbindung mit einer Burg. Deren Herr war 956 der genannte Markgraf Hermann Billung, der von der „Lüneburg" aus über Nordostniedersachsen und über Gebietsteile östlich

Sage von der Lüneburger Salzsau. Es heißt, vor langer Zeit sei ein weidwundes, flüchtendes Wildschwein an ein Sumpfloch gelangt und habe sich darin gewälzt. Als es dort von Jagdhunden gestellt und von den nachfolgenden Jägern erlegt worden sei, habe man verwundert festgestellt, dass die schwarzen Borsten des Schweines hell glitzerten. Nähere Untersuchungen ergaben, dass es sich um Salzkristalle handelte. So sei mit dem Sumpfloch die Salzquelle entdeckt worden – Ausgangspunkt für eine glanzvolle Entwicklung.

Kalkberg. Gouache von A. Leman, Lüneburg 1841

der Elbe herrschte. Weiterhin muss man unterstellen, dass die Saline zu der Zeit betrieben wurde, denn anderenfalls hätten keine geregelten Einkünfte erzielt werden können.

So sind in diesem frühen Zeugnis bereits die wichtigsten Elemente der Lüneburger Geschichte genannt.

Entstehung und Herrschaft

Die erste, vom 10. bis zum 14. Jahrhundert reichende Phase der Lüneburger Geschichte ist durch den Aufbau von Siedlungs- und Herrschaftsstrukturen gekennzeichnet. Die Urkunde von 956 nennt indirekt zwei der drei Siedlungskerne, die später zur Stadt Lüneburg zusammengewachsen sind.

Um den Kalkberg herum befand sich die Burgsiedlung. Hier hatten sich vornehmlich Handwerker angesiedelt, jedenfalls Menschen, deren Dienstleistungen man in Burg und Kloster benötigte. Die Siedlung erhielt bald ihre eigene Pfarrkirche, St. Cyriacus. Der zweite Kern entstand **bei der Saline**, weil die dort beschäftigten Arbeiter in der Nähe der Produktionsstätte leben wollten oder sollten. In östlicher Richtung etwa 500 Meter entfernt von diesen beiden relativ nahe beieinanderliegenden Ansiedlungen bildete sich an einer Furt durch die Ilmenau eine kleine **Ortschaft mit Namen Modestorpe**, die zum dritten Siedlungskern der späteren Stadt wurde. Auch sie besaß eine eigene Pfarrkirche, St. Johannis, in der man eine Taufkirche aus der Zeit Karls des Großen vermutet.

In einem Prozess, der sich über mehr als 250 Jahre hinzog, verwuchsen diese drei Kerne zu einer städtischen Siedlung, begünstigt durch Salzproduktion und Salzhandel. Gewissermaßen als Lebensader bildete sich im Zuge dieser Entwicklung der heutige Platz „Am Sande" aus, einer der größten seiner Art. Er spaltet sich an seinem westlichen Ende in zwei Straßenzüge auf und stellt so die Verbindung zwischen den einzelnen Siedlungsteilen her.

Die Burg blieb weiterhin Sitz von Fürstengeschlechtern, die in der Region herrschten. Ab dem 12. Jahrhundert waren die Welfen in Lüneburg ansässig, und der wohl bedeutendste Herzog aus dieser Familie, **Heinrich der Löwe**, förderte die aufstrebende Siedlung. Nach seinem politischen Ende im Jahre 1180 entstand in Nordostdeutschland ein Machtvakuum, die Kräfteverhältnisse formierten sich neu. Einem Sohn Heinrichs gelang es, die welfische Herrschaft von Lüneburg aus weiterzuführen, wenngleich in weitaus bescheidenerem Umfang. Der einzige Enkel Heinrichs des Löwen, Herzog Otto, übertrug seine Erblande 1235 dem Deutschen Reich und erhielt sie unter dem Namen Herzogtum Braunschweig und Lüneburg im Status eines Reichsterritoriums zurück. Dadurch wurden er und seine Nachkommen wieder zu Reichsfürsten. Seine Söhne teilten das Herzogtum in zwei Fürstentümer: Braunschweig und Lüneburg. Die Burg auf dem Kalkberg blieb bis 1371 Residenz des Fürstentums Lüneburg.

Als Herzog Otto 1235 zum Reichsfürsten erhoben wurde, hatte sich Lüneburg als Stadt etabliert. Es existierte ein Gremium von Ratsherren, die eine Selbstverwaltung nach damaligen Maßstäben durchführten,

wohl das wichtigste Kennzeichen für die Definition einer Siedlung als Stadt. Wenn sich neben der Selbstverwaltung ein eigener abgeschlossener Bezirk ausgebildet hat, in dem ein bestimmtes Recht gilt, ist im Mittelalter die Stadtwerdung formal beendet. In Lüneburg war dieser Zustand vor 1247 erreicht, denn in jenem Jahr bestätigte und erweiterte Herzog Otto das **Stadtrecht**. Es begann eine neue Epoche in der Geschichte Lüneburgs, der Aufstieg zu Macht, Reichtum und Ansehen einer Salzstadt, einer mittelalterlichen Großstadt.

Diese Entwicklung geschah anfangs mit Billigung und Unterstützung der welfischen Landesherren, die zugleich Stadtherren waren. Auf wirtschaftlicher Grundlage bildete sich eine Führungsschicht heraus, die mehr und mehr auch nach politischer Mitbestimmung drängte. So ergaben sich zwischen Stadt und Fürsten allmählich Spannungen, die eine Kraftprobe heraufbeschworen – keine Seltenheit im Städtewesen des Mittelalters. In Lüneburg fiel die Entscheidung im Jahre 1371.

Auf dem Weg zur Selbstständigkeit

Der zweite große Zeitabschnitt in der Lüneburger Geschichte ist wohl der bedeutendste. Die Stadt erreichte für etwa 150 Jahre faktische Eigenständigkeit. 1369 war die Lüneburger Linie der Welfen erloschen. Die daraus entstandenen Erbfolgewirren nutzte die Stadt geschickt aus. Zu Beginn des Jahres 1371 wurde die Burg von städtischen Kräften besetzt und später geschleift. Ein fürstlicher

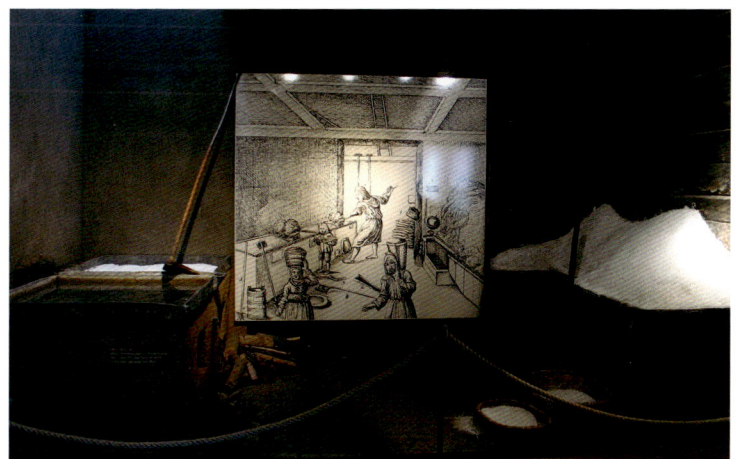

Vergeltungsangriff im Oktober des Jahres wurde zurückgeschlagen. Damit war die Stadt von herzoglicher Einflussnahme frei. Nominell konnte der Rat der Stadt agieren wie der einer freien Reichsstadt. Das Symbol der welfischen Macht, die Burg, war dem Erdboden gleichgemacht worden, das benachbarte Michaeliskloster musste aufgegeben und in die Stadt verlegt werden, die Pfarrrechte von St. Cyriacus erloschen, die Kirche begann zu verfallen. Damit endete nach mehr als 400 Jahren ein wesentliches Element der Lüneburger Geschichte, nämlich Herrschaftsmittelpunkt zu sein.

Lüneburg erlebte in kurzer Zeit eine wirtschaftliche Blüte, der eine kulturelle Blüte folgte. Die Verbindungen zu den Unternehmungen der **Hanse** wurden enger; die Stadt war in einem Atemzug mit Ostseestädten wie Lübeck, Rostock, Wismar oder Stralsund zu nennen. Dreh- und Angelpunkt bildete das *Lüneburger*

Der historische Siederaum kann heute im ***Salzmuseum*** *auf dem ehemaligen Gelände der 1000-jährigen Saline besichtigt werden.*

i Seite 56

Salz, das vornehmlich als Konservierungsmittel begehrt war. Die als Industriebetrieb organisierte Saline produzierte zu Spitzenzeiten etwa 20 000 Tonnen Salz pro Jahr.

Wirtschaftliche und politische Bedeutung der Stadt spiegeln sich in reger Bautätigkeit, sowohl im privaten als auch im öffentlichen Bereich, wider. Große Kirchenbauten entstanden, das Rathaus erhielt prächtige Erweiterungsbauten und insbesondere die wohlhabenden Familien ließen sich repräsentative Wohnhäuser errichten. Tonangebend waren die Sülfmeisterfamilien, die zunächst nur die wirtschaftliche, dann auch die politische Führung übernahmen.

Zum Sülfmeister wurde jemand ernannt, wenn er auf der Saline ein Mindestanrecht in der Salzproduktion erhielt. Organisationseinheit

Hinter der Bardowicker Mauer: Häuser an der Stadtmauer

8

war die Siedepfanne, von denen es 216 gab, jeweils zu viert in einem Siedehaus aufgestellt. Die Eigentümer der Saline fanden sich weit über Norddeutschland verstreut. Überwiegend waren es geistliche Institutionen wie zum Beispiel Klöster. Sie übernahmen den Betrieb der Saline nicht selbst, sondern übertrugen ihn durch Verpachtung an Ortsansässige, eben an die Sülfmeister.

Von der Saline profitierten also zwei Gruppen: zum einen gewissermaßen die Anteilseigner und zum anderen die eigentlichen Betreiber. Letztere waren im Vorteil, weil sie am Ort lebten. Im Laufe der Zeit bildeten sich Abgrenzungen bei den Sülfmeisterfamilien heraus. Einige von ihnen wollten die Erträge nicht mehr in dem größer werdenden Kreis teilen, da sich der Anteil des Einzelnen stetig verringerte. Nach-

dem die Sülfmeisterfamilien auch die Ratsherren stellten, entwickelte sich das Bestreben, eine Stadtelite – das Patriziat – zu schaffen. Eine strikte soziale Abgrenzung im 15. Jahrhundert war die Folge.

Der Übergang zur Neuzeit

Auf der Höhe seiner Macht trat Lüneburg vom Mittelalter in die Neuzeit über. Im 16. Jahrhundert konnte das hohe kulturelle Niveau erhalten werden, wirtschaftlich und politisch setzte indessen, zunächst kaum wahrnehmbar, dann aber mehr und mehr ein Niedergang ein.

Die Gründe dafür sind vielfältig und sowohl interner als auch externer Art. Zunächst ist festzuhalten, dass mit dem Ende des Mittelalters auch das Ende des Städtewesens als bestimmende Kraft in Deutschland kam. Die Fürsten begannen, eine neue und starke Rolle zu spielen, zumal in solchen Ländern, die sich der **Reformation** anschlossen. Geschickt übernahmen die Adligen die in den Städten entwickelten modernen Verwaltungsmethoden und bauten zeitgemäße Regierungsstrukturen auf – zum Nachteil der Städte. Soziale Umbrüche und Umwälzungen in Technik und Wissenschaft veränderten die Welt. Wenn sich vor diesem Hintergrund massive interne Probleme ergaben, konnte eine Stadt in die Krise geraten. So verhielt es sich auch in Lüneburg.

Der Salzhandel kam ins Stocken und ging schließlich zurück. Einerseits sank die Nachfrage, andererseits erwuchs aus dem preisgünstiger herzustellenden Seesalz, überwiegend am Atlantik gewonnen, eine starke Konkurrenz. Diese Entwicklung traf Lüneburg um so härter, als keine wirtschaftlichen Alternativen bestanden.

Je mehr die Kräfte nachließen, desto stärker ging der welfische Landesherr daran, die 1371 und früher verlorenen Positionen zurückzuerobern. Ab Mitte des 16. Jahrhunderts zeigte sich diese Tendenz deutlich sichtbar, und sie verstärkte sich mit Fortschreiten der Zeit. Im 17. Jahrhundert war das Patriziat nicht mehr in der Lage, seine Rolle als Führungsschicht auszufüllen, teils wegen abnehmender Personenzahl, teils wegen sittlichen Verfalls. Es war nur eine Frage der Zeit, dass der Herzog nicht nur in zunehmendem Maß in städtische Belange eingreifen, sondern die Stadt wieder vollständig unterwerfen würde.

Wappen der Stadt Lüneburg
am Brömsehaus

Diese Sachlage trat gegen Ende des Dreißigjährigen Krieges ein. 1639 musste sich Lüneburg fürstlicher Aufsicht unterstellen, die Selbstständigkeit – auch in Verfassungsfragen – war endgültig verloren. Lüneburg, fortan eine von mehreren Städten im **Fürstentum Lüneburg**, unterschied sich durch nichts von anderen. Eine bedeutende Epoche hatte ihr Ende gefunden.

Entwicklung zur „Beamtenstadt"

Nach 1639 verstärkte sich die Phase des Niedergangs, der alle Bereiche des öffentlichen Lebens erfasste und auch zu einem Sinken der Einwohnerzahl führte. Erst ab Mitte des 19. Jahrhunderts wendete sich das Blatt.

Die Saline produzierte kontinuierlich weiter. An ihre frühere Bedeutung reichte sie jedoch nie wieder heran und wurde 1980 schließlich geschlossen. Als recht wichtiger Wirtschaftszweig bildete sich das **Speditionswesen** heraus, das in der ersten Hälfte des 18. Jahrhunderts zu einem gewissen Wohlstand führte. Nach dem Siebenjährigen Krieg (1756 - 1763), unter dem die Stadt stark zu leiden hatte, verarmte Lüneburg mehr und mehr.

Kriegerische Ereignisse und deren Folgen bestimmten auch den Anfang des 19. Jahrhunderts. Das ehemalige Fürstentum Lüneburg war 1705 an das **Kurfürstentum Hannover** gefallen. Als Napoleon seinen Krieg mit England begann, gerieten die hannöverschen Lande in sein Blickfeld, da sie in Personalunion von England aus regiert wurden. Er hoffte, England auf dem Festland treffen zu können.

Im Mai 1803 wurde das Kurfürstentum von den Franzosen besetzt, am 9. Juni zogen französische Soldaten in Lüneburg ein. Die Bevölkerung hatte die Lasten der Einquartierung zu tragen. In den Wirren der napoleonischen Zeit änderte sich die territoriale Zugehörigkeit der Stadt mehrere Male. Ab März 1811 gehörte Lüneburg sogar zum Kaiserreich Frankreich. Nach der Niederlage Napoleons 1813 wurden die ursprünglichen staatsrechtlichen Verhältnisse wiederhergestellt.

Nach einer Phase der Erschöpfung traten endlich sichtbare Verbesserungen durch strukturelle Veränderungen ein. Um 1820 gab es erste Versuche, Industrie anzusiedeln. Etwa zeitgleich begann der Prozess, der Lüneburg zum Teil noch heute prägt: die Einrichtung von regional zuständigen **Behörden und Gerichten**. 1846 wurde eine neue Stadtverfassung eingeführt, die es erlaubte, auf die sozialen und wirtschaftlichen Entwicklungen zu reagieren.

Die Stadt gewann **nach der Reichsgründung 1870/71** Anschluss an den allgemeinen Aufschwung. Eine rege Bautätigkeit setzte ein; die seit dem Mittelalter fast unveränderte Bebauungsgrenze der Stadt wurde deutlich ausgeweitet. Im Jahre 1900 zählte Lüneburg etwa 24 700 Einwohner, während es 1833 nur etwa 12 100 gewesen waren. Nach dem Zweiten Weltkrieg vergrößerte sich durch Zuzug von Vertriebenen und Flüchtlingen die Bevölkerungszahl auf etwa 64 800, heute beträgt sie circa 72 000.

Seit 1. Oktober 2007 führt Lüneburg die offizielle Bezeichnung „Hansestadt". Noch immer kann man von einer „Beamtenstadt" sprechen, da Regierungsvertretung, Stadt- und Kreisverwaltung, das Oberverwaltungsgericht für Niedersachsen, ein Landgericht und andere Gerichte hier angesiedelt sind. Zwei Kammern nehmen die Belange des Handwerks, der Industrie und des Handels wahr.

Zunehmende Impulse vermittelt die **Leuphana Universität Lüneburg**, entstanden durch die Fusion der früheren Fachhochschule Nordostniedersachsen und der Universität Lüneburg. Dagegen ist die Rolle als starke Garnison nach Herstellung der deutschen Einheit entfallen. Im Wirtschaftsleben dominieren mittelständische Betriebe.

Tafelbild von Hans Bornemann im Umgangschor von St. Nicolai: Begegnung Abrahams und Melchisedeks vor der Ansicht der Stadt Lüneburg, 1447

Der Stadtrundgang

Auf dem Marktplatz mit Rathaus und Herzoglichem Stadtschloss beginnt die Erkundung der Altstadt. In den meisten Straßen sind hier tagsüber die Autos verbannt, sodass man entspannt die Architektur unter anderem in der Grapengießerstraße, der Großen und Kleinen Bäckerstraße und Am Berge bestaunen und studieren kann, bis schließlich der Platz Am Sande erreicht ist. Nach Besichtigung der St. Johanniskirche folgt ein Streifzug durch die westliche Altstadt im Senkungsgebiet mit der Michaeliskirche.

An der Ilmenau bummeln kann man natürlich in erster Linie im Wasserviertel mit Hafen, Stintmarkt und Abtsmühle, aber auch noch stromaufwärts an der romantischen Ratsmühle. Die Kirche des Viertels ist die St. Nikolaikirche und in den Straßen ringsumher gibt es zahlreiche sehenswerte Gebäude und Details zu entdecken.

Schließlich geht es nach dem Besuch des Klosters Lüne, das noch heute von evangelischen Damen bewohnt ist, in das nähere Umland. Anziehungspunkt ist ganz klar die Lüneburger Heide, aber auch das UNESCO-Biosphärenreservat Elbtalaue und der Bardowicker Dom bleiben nicht unerwähnt.

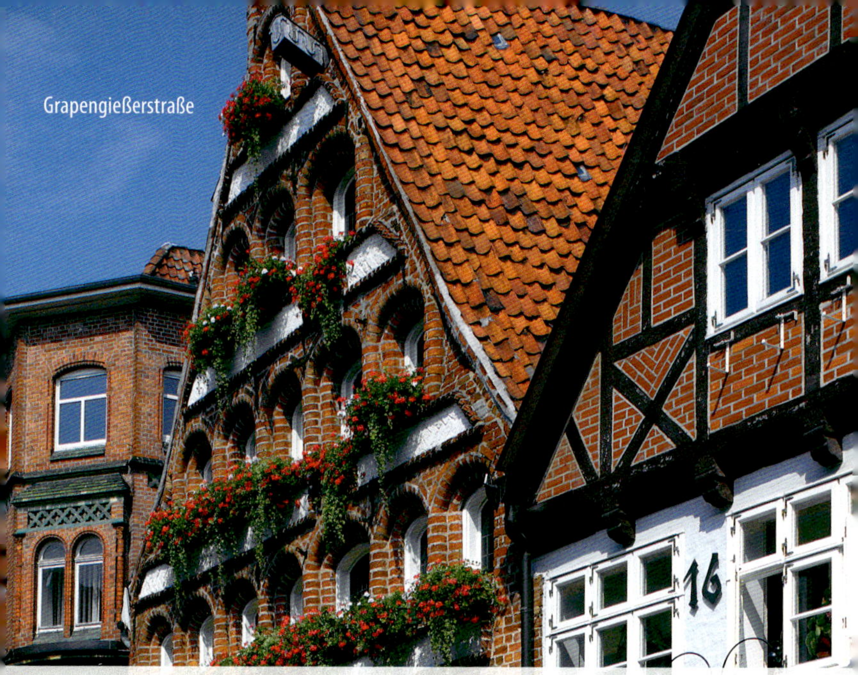
Grapengießerstraße

In der Altstadt unterwegs

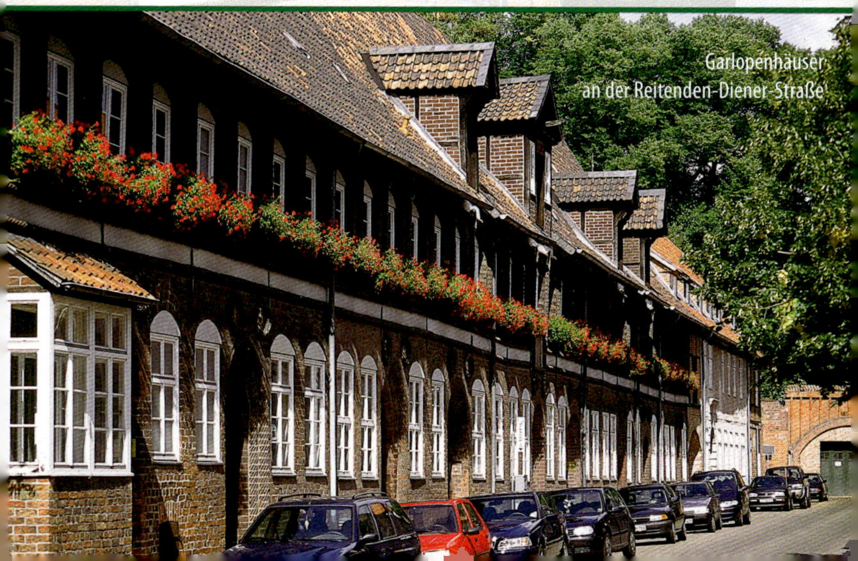
Garlopenhäuser an der Reitenden-Diener-Straße

Marktplatz

Im Mittelalter war der Marktplatz einer der wichtigsten öffentlichen Bereiche der Stadt. Vorrangig diente er dem Warenaustausch auf Wochen- und Jahrmärkten, die sowohl von auswärtigen Kaufleuten als auch von einheimischen Händlern und Handwerkern beschickt wurden. Der Markt war aber auch zentraler Versammlungsort der Bürgerschaft. Man kam im Schatten des Rathauses zusammen, in dessen Nähe sich Einrichtungen städtischer Hoheit und Gerichtsbarkeit, wie Stadtwaage oder Pranger, befanden.

Zentraler Ort ist der Marktplatz bis heute geblieben. Regelmäßig finden mittwochs und sonnabends Markttage statt. Das geschäftige, gelegentlich malerische Treiben lässt sich am besten von den Fenstern des Rathauses aus beobachten.

Der Marktplatz, in den sechs aus allen vier Himmelsrichtungen kommende Straßen münden, lässt sich gleichsam als Ort ansehen, an dem sich bestimmte Elemente der Stadt- und Architekturgeschichte verdichten. Die Westseite des Platzes beherrscht die barocke *Rathausfassade* aus dem Jahre 1720, die ihre heutige Gestalt durch Umbauten 1868/69 erhielt und mittelalterliche Bauteile in sich birgt. Sie suggeriert ein einheitliches Erscheinungsbild, das sich verliert, wenn man von einer der Seitenstraßen auf das Rathaus blickt.

Die gesamte Nordseite des Marktplatzes wird von dem 1693 bis 1696 erbauten *ehemaligen Schloss* der welfischen Herzöge eingenommen, in dem heute das Landgericht untergebracht ist. Mit der Errichtung des Schlosses direkt am Markt, dem Rathaus schräg gegenüber, demonstrierte der Herzog seinen Machtanspruch. Ab 1639 wieder eine landsässige Stadt, war Lüneburg von den einstigen Freiheiten wenig geblieben. Der Herzog gewann eine Position zurück, die er 1371 hatte aufgeben müssen. Krönender Abschluss dieses Umkehrungsprozesses war die Benutzung von Architektur als Machtsymbol. Rathaus und Schloss verdeutlichen die wichtigsten Grundlinien der Stadtgeschichte: Emanzipation vom Landesherrn im späten Mittelalter und gegenläufige Entwicklung mit Anfängen im 16. Jahrhundert.

Neben dem Schloss, schon zum Ochsenmarkt gehörig, liegt das *Heinrich-Heine-Haus*. Hartwig von Witzendorf ließ 1561/62 das Gebäude als reinen patrizischen Repräsentationsbau unter Einbeziehung älterer Bausubstanz errichten. 1822 bis 1826 bewohnten es die Eltern des Dichters Heinrich Heine. Während aufwendiger Restaurierungsarbeiten in den 1980er Jahren kamen wertvolle gemalte Innendekorationen aus dem 17. bis 19. Jahrhundert ans Licht. Das Haus dient heute in erster Linie kulturellen Zwecken.

Süd- und Ostseite des Marktplatzes bieten mit ihren Bauten eine

i Seite 56

Heinrich-Heine-Haus

Am Brunnen auf dem Marktplatz

komprimierte Lüneburger Architekturgeschichte. Die historistischen Fassaden der *Eckhäuser „An den Brodbänken" und „An der Münze"*, beide im ausgehenden 19. Jahrhundert entstanden, veranschaulichen denkmalpflegerisches Bemühen, Lüneburg als Renaissancestadt erscheinen zu lassen.

Das überdimensionierte *Eckhaus zur Großen Bäckerstraße* ist geradezu ein Musterbeispiel für die Architektur der „Hannoverschen Schule", einer Baurichtung, die ab

> Wohl an keiner anderen Stelle als am Markt ließe sich in Lüneburg besser zeigen, wie aus den Bauten vieler Epochen ein lebendiges Ganzes entstanden ist, das seine Reize aus Vielfalt und Großzügigkeit bezieht.

Mitte des 19. Jahrhunderts in ganz Norddeutschland eine bedeutende Rolle spielte. Häuser dieser Art sind im Stadtbild sehr viel häufiger vertreten, als man vermutet. Das Nebenhaus erscheint als „klassischer" Lüneburger Backsteinbau mit Staffelgiebel. Der Giebel stammt aus dem 16. Jahrhundert, also aus der Renaissancezeit, die Fassade ist dagegen in der Barockzeit verändert worden, vor allem durch das Einfügen großer Fenster.

Ohnehin sind Veränderungen der Fassaden für viele Häuser der Stadt charakteristisch. Damit wollte man Modernität beweisen, ohne – aus Kostengründen – die gesamte Bausubstanz zu erneuern. Beispiel dafür ist auch das sich westlich anschließende, blau gestrichene Haus Markt 4 mit seiner einheitlichen Front des Klassizismus.

Historisches Rathaus

Unter den historischen Rathäusern Deutschlands gehört das Lüneburger zu den größten und prächtigsten. Auf einer Grundfläche von etwa 100 Meter Länge und 45 Meter Breite erhebt sich ein vielgestaltiger Baukörper als Produkt einer komplizierten, bisher nicht eindeutig geklärten Baugeschichte, die vom Mittelalter bis in das 19. Jahrhundert reicht. Fast jede der großen kunsthistorischen Epochen hat ihren Beitrag zur Gestaltung dieses Gebäudes geleistet.

Baugeschichte. Die Anfänge gehen bis in die erste Hälfte des **_13. Jahrhunderts_** zurück. Kurz nach 1250 existierte nachweislich die Ratskapelle zum Heiligen Geist, gelegen am nordöstlichen Rand des heutigen Bauensembles. Möglicherweise ist bereits einige Jahrzehnte früher ein kleiner Rathausbau errichtet worden, angeordnet im rechten Winkel zur Kapelle und einige Meter von ihr entfernt.

Um 1300 entstand neben der Kapelle das Gewandhaus, dem 1328 ein zweiter Rathausbau parallel zum älteren hinzugefügt wurde. Für dieselbe Zeit ist an der südöstlichen Ecke des Grundstückes der Ratsweinkeller bezeugt. Bis zum Ende des Jahrhunderts wurde der Baubestand um Ratswaage und Niedergericht erweitert. So hatte sich über längere Zeit, bedingt durch funktionale Notwendigkeiten, eine heterogene Ansammlung von Einzelgebäuden ergeben. Eine fünftürmige Schaufassade gen Markt half, das Erscheinungsbild zu vereinheitlichen.

Die Erweiterungen des Rathauses wurden nach Westen hin fortgesetzt, besonders zur Blütezeit der Stadt im **_15. und 16. Jahrhundert_**, in der nicht nur die Erfordernisse der Verwaltung einer wachsenden Gemeinde, sondern auch der Wunsch nach Repräsentation zunahmen. In einem ersten Schritt verband man den ältesten, noch immer separaten Bau mit den jüngeren Gebäuden durch die sogenannte Laube, die vom Ochsenmarkt her erschlossen wurde und bis heute als zentraler Raum den Zugang zu allen Gebäudebereichen ermöglicht.

i Seite 56

17

Monarchenfigur am Rathaus

Ab 1449 schuf man durch die Aufstockung des Gewandhauses einen großen Festsaal, den Fürstensaal. Zwischen 1478 und 1481 entstand der Kämmereiflügel am Marienplatz mit einem prächtigen gotischen Staffelgiebel. Gegen Ende des 15. und zu Beginn des 16. Jahrhunderts wurde das Rathaus von 1328 mit Nebenräumen – dem Alten Archiv und der Bürgermeisterkörkammer – versehen.

Von 1564 bis 1567 entstand neben der Laube ein weiteres „neues Rathaus" – die Große Ratsstube. Die Lücke zwischen ihr und dem Kämmereiflügel wurde noch im 16. Jahrhundert geschlossen. Damit war der heutige Baubestand des Rathauses im Wesentlichen erreicht.

Wichtige Veränderungen ergaben sich Anfang des **_18. Jahrhunderts_**, als man anstelle der Kapelle zwei hintereinanderliegende Säle, Traubensaal und Huldigungssaal, einrichtete und vor allem eine neue Schaufassade zum Markt hin gestaltete, die das Rathaus bis heute dominiert.

1899 wurde an der Stelle des vermutlich ältesten Rathauses das Gebäude des ehemaligen Stadtarchivs neu gebaut.

Die barocke Ostseite des Rathauses

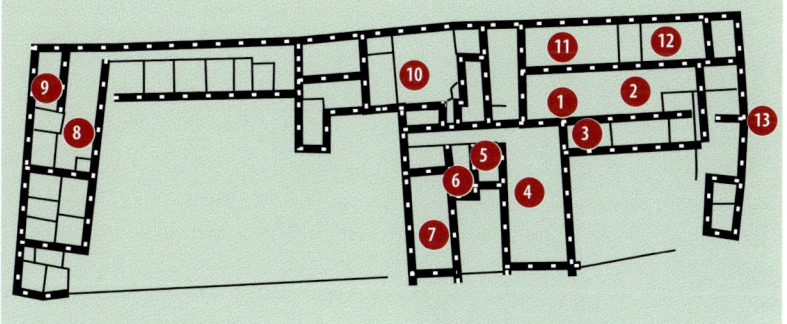

1 Gewandhaus (1302)
2 Fürstensaal (1449 - 1464) über
　Gewandhaus und Alter Kanzlei
3 Alte Kanzlei (1449 - 1469)
4 Gerichtslaube (1330)
5 Altes Archiv (1491 - 1521)
6 Bürgermeisterkörkammer (1491)
7 ehemals Stadtarchiv

8 Kämmerei (1476 - 1482)
9 Große Kommissionsstube (1575 - 1584)
10 Große Ratsstube (1564 - 1567; Ausgestaltung
　 bis 1584); Ziegelbau (etwa 1287)
11 Huldigungssaal (1706)
12 Traubensaal (1706)
13 Barocke Marktfassade (1706 - 1720)
　 mit Niedergericht

Baubeschreibung. Das Lüneburger Rathaus vereinigt als Ergebnis seiner Baugeschichte in seinem Äußeren Formelemente der Gotik, der Renaissance und des Barock. Entsprechend zeigt sich das Erscheinungsbild im Inneren. Der älteste erhaltene Raum ist der Ratssaal von 1328, seit dem ausgehenden 17. Jahrhundert *Gerichtslaube* genannt. Die Raumwirkung dominiert eine in der Südwand befindliche große, dreiteilige Fenstergruppe mit Maßwerk aus der Erbauungszeit. Die **Farbverglasung** entstand um 1410 und zeigt die Darstellung der Neun Guten Helden. Unter Baldachinen erscheinen Judas Makkabäus, David, Josua, Gottfried von Bouillon, Karl der Große, König Artus, Julius Caesar, Alexander und Hektor. Zwar sind die Bilder im Zuge einer Restaurierung 1853 umfangreich erneuert worden, dennoch

kommt dem Zyklus Einmaligkeit zu. Es handelt sich um den einzig erhaltenen dieses Themas in der mittelalterlichen Glasmalerei Europas und zugleich um den einzigen Zyklus profanen Inhalts, der sich an Ort und Stelle erhalten hat.

Die Scheiben in den vier kleinen Fenstern der Ostwand stammen aus dem späteren 15. Jahrhundert und aus noch späterer Zeit. Sie zeigen unter anderem mehrfach die Wappen von Stadt und Fürstentum Lüneburg. In der Lunette gegenüber dem Heldenfenster befindet sich eine monumentale Malerei mit dem Jüngsten Gericht; Christus thront in der Mitte, zu seinen Seiten Maria und Johannes. Der Apostel Jakobus der Ältere sowie Moses besetzen die Ecken des Bogenfeldes.

Die flache Holztonnendecke und die Wände tragen **Malereien**, be-

i Seite 56

zeichnet 1529. Inhaltlich nehmen sie, gemäß der Entstehungszeit, römisch-antike Motive auf, programmatisch ausgerichtet auf das gute und gerechte Stadtregiment. Im südwestlichen Bereich des Raumes befindet sich der durch Schranken abgeteilte **Ratsstuhl**. Mehrere, mit Bronzedeckeln verschlossene Röhren verweisen auf die ehemals darunter gelegene Warmluftheizung. Die beiden Schranken – die östliche aus Holz, die nördliche aus Sandstein – sind nach innen zu Bänken ausge-

bildet und stammen aus dem Ende des 16. Jahrhunderts.

Die Ostwand der Gerichtslaube besitzt zwischen den Fenstern drei 1474, 1487 und 1521 entstandene Wandschränke, sogenannte Schenkeschieven. Sie sind in gotischen Formen reich verziert und jeweils mit einer großen Klappe zur Präsentation des Ratssilbers versehen.

Die beiden kleinen Nebenräume der Gerichtslaube haben ihren spätmittelalterlichen Charakter bewahrt. Die ***Bürgermeisterkörkammer*** von

Gerichtslaube

Alte Kanzlei

1491 ist mit einer Wandvertäfelung und einer bemalten Balkendecke versehen. Nach Süden öffnet sich ein farbig verglastes Fenster, das die Figuren der vier Lüneburger Bürgermeister im Jahr der Einrichtung des Raumes zeigt. Das Fenster ist wie das Heldenfenster im 19. Jahrhundert stark erneuert worden. Das 1521 entstandene *Alte Achiv* besitzt ebenfalls eine Holzvertäfelung, ist aber nicht durch eine Balkendecke, sondern durch ein Kreuzrippengewölbe geschlossen.

Östlich der Gerichtslaube schließt die *Alte Kanzlei* an. Der Raum mit weiß geschlämmten Wänden entstand im zweiten Drittel des 15. Jahrhunderts. Er ist durch ein Eisengitter in zwei Bereiche unterteilt und wird durch zwei große Fenster belichtet. In der südwestlichen Ecke befindet sich ein Kamin. Der Bodenbelag aus gelben und braunen Fliesen sowie

die mit Ranken bemalte Balkendecke gehören zur ursprünglichen Ausstattung. Vor den Wänden des Raumes sind große Regale aufgestellt,

Figur am Kämmereigebäude

Fürstensaal mit Wandgemälden

in deren Kompartimenten hölzerne Kästen zur Verwahrung der Akten ihren Platz haben. Beschriftungen bezeichnen die ehemals in ihnen gelagerten Bestände.

Der *Fürstensaal*, bis heute für festliche Veranstaltungen genutzt, besitzt eine Grundfläche von etwa 34 mal 10 Metern. Der spätmittelalterliche Raumcharakter hat sich erhalten. Vor den mit Malereien versehenen Wänden verlaufen geschlossene Bankreihen, begleitet von kunstvoll ornamentierter Vertäfelung, die durch ein Gesims abgeschlossen wird.

Seinen Namen verdankt der Fürstensaal den Wandgemälden mit den Darstellungen fürstlicher Ehepaare aus dem Haus Braunschweig-Lüneburg vom 13. bis zum Beginn des 17. Jahrhunderts, jeweils unter Beigabe der persönlichen Wappen.

Den östlichen Bereich grenzt, bedingt durch die Umgestaltung der Schaufassade, eine Bogenstellung ab. Wandbilder sind indessen auch hier angebracht. Auf ihnen sind Darstellungen deutsch-römischer Kaiser sowie die Belehnung Herzog Ottos des Kindes mit dem Herzogtum Braunschweig-Lüneburg zu sehen.

Einen starken Akzent setzt die **Bemalung der Decke**. Im Wechsel mit doppelköpfigen Adlern erscheinen in Medaillons fiktive Porträts der römischen und deutschen Kaiser und Könige mit Beischrift. Der Unterzug, von dem fünf gotische **Geweihleuchter** herabhängen, trägt die Namen und Wappen der Lüneburger Bürgermeister und Ratsherren des Jahres 1607. Aus demselben Jahr stammt die **Eingangstür**. Sie zeigt in Malerei einen schwarzen Reichsadler, in seinem Gefieder Wappen von Territorien des Deutschen Reichs.

Kern des 1564 bis 1567 errichteten Ratsbaues ist die *Große Rats-*

Große Ratsstube

stube, deren innere Ausgestaltung allerdings erst 1584 fertiggestellt war. Dieser Raum ist mit seinem geschlossenen Dekorationssystem der künstlerisch bedeutsamste des Rathauses. Seinen besonderen Wert erhält er durch die Schnitzereien des Bildhauers Albert von Soest. Die Ratsstube besitzt umlaufende Bänke, darüber eine mittels Gesims abgeschlossene Vertäfelung. Zwischen diesem Gesims und der Decke ist eine Reihe allegorischer Gemälde von der Hand des Malers Daniel Frese angebracht, deren Farbigkeit den Raumeindruck ebenfalls prägt. Thematisiert wurden auch hier, wie in der Gerichtslaube, Recht und Gerechtigkeit. Die Portalumrahmungen des Albert von Soest nehmen diese Thematik auf und illustrieren Schilderungen der Bibel und der römischen Geschichtsschreibung durch Livius. Der Ratsstuhl ist in seiner Ausgestaltung der Vertäfelung angeglichen.

Der 1706 entstandene **_Huldigungssaal_** präsentiert sich mit gemalten Landschaftstapeten eines in Lüneburg ansässigen Dekorationsmalers, dessen Identität aus den Bauakten nicht zu ermitteln ist. Die Decke zeigt reichen Stuck in den Formen des frühen 18. Jahrhunderts. Im mittleren Ovalmedaillon erblickt man ein Gemälde vom Triumphzug Caesars und in den vier Rundmedaillons die allegorischen Darstellungen der Gerechtigkeit, der Weisheit, der Frömmigkeit und des Überflusses. In der Mitte der Südwand hängt ein repräsentatives Porträts König Georgs I. von Großbritannien, der als Kurfürst von Hannover auch lüneburgischer Landesherr war. Zu dessen Huldigung wurde dieser Raum wohl unter Leitung des Lüneburger Malers Joachim Burmesters gestaltet. Gleichzeitig entstand der östlich daran anschließende sogenannte **_„Traubensaal"_**, dessen Dekoration allerdings verloren ist.

Herzogliches Stadtschloss

Herzog Georg Wilhelm, Regent des Fürstentums Lüneburg mit Sitz in Celle, hatte fünf am Markt gelegene Patrizierhäuser gekauft, um an deren Stelle einen neuen Repräsentationsbau für sich aufführen zu lassen. Er beauftragte den italienischen Baumeister Domenico Antonio Rossi. Dieser errichtete 1693 bis 1696 eine Dreiflügelanlage nach französischem Vorbild und integrierte einzelne Mauern der alten Häuser in seine Architektur.

Das dreigeschossige, schlichte Schloss weist mit seiner Hauptfassade zum Markt. Vor dem Portal, das von zwei Säulen mit Gebälk eingefasst ist, liegt eine große Freitreppe. Westlich des Schlosses steht der zugehörige Küchenpavillon.

Von 1705 bis 1717 nutzte Herzogin Eleonore d'Olbreuse die Anlage als Witwensitz. In den folgenden Jahren nur sporadisch bewohnt, wurde dem Schloss wenig Pflege zuteil. Ab 1871 diente es als Kaserne, 1877 entstand im Erdgeschoss ein Offizierskasino. Nach dem Ersten Weltkrieg zog 1925 das Landgericht und zugleich das Amtsgericht ein. Letzteres ist inzwischen im ehemaligen Regierungsgebäude am Ochsenmarkt untergebracht. Von der einst reichen Ausstattung hat sich nichts erhalten. Nur einige von dem Italiener Jacopo Perinetti geschaffene Stuckdecken, mittlerweile sorgfältig restauriert, geben Zeugnis von der früheren barocken Pracht.

Herzogliches Schloss auf dem Markt

Zwischen Markt und Am Sande

An der Münze

Ein giebelständiger Hauptbau aus der zweiten Hälfte des 15. Jahrhunderts und zwei Flügelbauten aus dem 16. Jahrhundert bilden das Anwesen **_An der Münze 7/7a_**. Der siebenteilige, ehemals gestaffelte Giebel des Hauptgebäudes ist durch Pfeilervorlagen gegliedert. Auffallend sind die Zwillingsfenster mit Säulchen und Dreipassbögen sowie die schwarz glasierten Formsteine.

Das 1543 errichtete Gebäude An der Münze 8a, vermutlich früher die **_Städtische Münze_**, zeichnet sich durch Stichbogenblenden aus, die von glasierten Tausteinen gerahmt sind. Jeweils ein Tausteinfries mit Terrakottamedaillons trennt optisch die oberen Geschosse voneinander.

Terrakottamedaillons zieren die Städtische Münze. Dargestellt sind männliche und weibliche Büsten. Das Medaillon oberhalb des Eingangs zeigt Samson im Kampf mit dem Löwen.

An der Münze 8 a

Obergeschoss des Flügelbaus
Grapengießerstraße 45

Grapengießerstraße

Viele Dreiecksgiebel aus dem 17. und 18. Jahrhundert prägen das Bild dieser sehenswerten Einkaufsstraße. Das Gebäude *Grapengießerstraße 45* bildet das Haupthaus eines der größten patrizischen Anwesen Lüneburgs. Es erstreckt sich zwischen Grapengießerstraße, Heiligengeiststraße und Enge Straße.

Das Giebelhaus stammt im Kern noch von 1323, musste jedoch vor allem im 16. Jahrhundert tiefgreifende Veränderungen hinnehmen. Vom einst siebenteiligen Staffelgiebel blieb ein Teil der Pfeiler mit frühgotischem Profil erhalten. Der westlich anschließende Flügelbau besitzt ein massives Obergeschoss von 1452, das in seiner Gestaltung an eine romanische Zwerggalerie erinnert. Die Verbindung zu den beiden in der Heiligengeiststraße stehenden Nebengebäuden aus der Mitte des 16. Jahrhunderts übernimmt ein Flügelbau von 1593 in der Engen Straße. Im Hof schließt ein etwa 500 Jahre alter Backsteinflügel die Lücke zwischen dem Giebelhaus in der Grapengießerstraße und dem Traufenhaus in der Heiligengeiststraße.

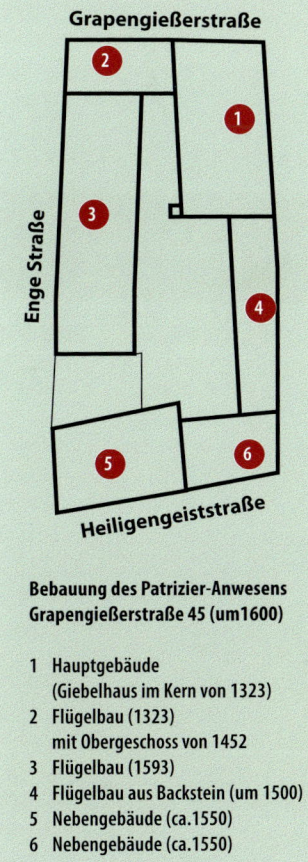

Bebauung des Patrizier-Anwesens Grapengießerstraße 45 (um 1600)

1 Hauptgebäude
(Giebelhaus im Kern von 1323)
2 Flügelbau (1323)
mit Obergeschoss von 1452
3 Flügelbau (1593)
4 Flügelbau aus Backstein (um 1500)
5 Nebengebäude (ca. 1550)
6 Nebengebäude (ca. 1550)

Heiligengeiststraße

Der Name der Straße erinnert an das ehemalige *Heilig-Geist-Hospital*, ganz in der Nähe des Lambertiplatzes. Der lang gestreckte Ziegelbau aus dem 14. Jahrhundert ist im Kern noch original erhalten. Die einst östlich angrenzende Kapelle wurde abgerissen. Von ihr blieb der spätgotische Dachreiter auf dem 1867 an gleicher Stelle errichteten Schulgebäude.

Hinter den drei nebeneinanderstehenden eindrucksvollen Patrizierhäusern Heiligengeiststraße 39 bis 41 aus dem 16. Jahrhundert lädt im Hof das *Brauereimuseum* über vier Stockwerke zu einem Rundgang durch die Geschichte des Brauens ein, das an diesem Ort eine über 500-jährige Tradition besitzt.

Große Bäckerstraße 15

Die Heiligengeiststraße trifft auf den Lambertiplatz. Hier stand die 1861 wegen Baufälligkeit abgebrochene vierte große Backsteinkirche Lüneburgs: St. Lamberti.

Große Bäckerstraße

Vom Markt zweigt die Große Bäckerstraße ab, heute eine der belebtesten Einkaufsstraßen der Stadt. Einst wohnten hier die wohlhabenden und vornehmen Lüneburger. Trotz vieler Umbauten ist dies noch immer am Haus *Große Bäckerstraße 15* zu sehen. Während der Giebel 1861 komplett erneuert wurde, finden sich an der Traufseite in den Friesen tausteinumrahmte Medaillons mit glasierten Terrakottaköpfen. In reich verziertem Fachwerk entstand 1558 der an der Glockenstraße gelegene lange Hofflügel.

Auch das Patrizierhaus in der *Großen Bäckerstraße 26* lässt den Reichtum seiner früheren Besitzer ahnen. Das Gebäude war von 1775 bis 1822 königliche Kriegskanzlei und Kaserne des Kavallerieregiments. Der Hauptbau aus der Zeit um 1400 wurde 1517/18 um Flügelbauten erweitert.

Die *Alte Ratsapotheke*, das auffallende rote Backsteinhaus mit der Nummer 9, besitzt eine reich gestaltete Renaissance-Fassade und einen historischen Innenraum. Mit seinem Apothekenneubau von 1598 und dessen noch gotischen Formen nachempfundenen Staffelgiebel wollte wohl der Rat den modernen Bürgerhäusern die traditionelle Bauweise entgegenstellen. Auf einem dreigeschossigen Unterbau steht der neunteilige Staffelgiebel, verbunden durch ein kräftiges Gesims mit einer Inschrift. Die Staffeln sind mit Steinplatten abgedeckt und haben gekuppelte Nischen. Anstelle der Friese ist der Giebel horizontal von Steingesimsen durchzogen.

Besonders auffallend und ganz im Stile der Renaissance zeigt sich hingegen das überaus schmuckreiche und **farbenfrohe Portal** von Marten Köler. Der ornamentierte Rundbogen ruht auf zwei Hermen. Über dem Bogen liegt ein kräftiges Gesims, und es scheint, als würde es die beiden das Stadtwappen haltenden Löwen tragen. Die Zwickel zwischen Gesims und Rundbogen besetzen zwei weibliche Figuren, die eine mit einem Hund, die andere mit einem Affen. Diese Tiere verkörpern die wohl für einen damaligen Apotheker wichtigsten Sinne: Geruch und Geschmack.

Alte Ratsapotheke

Glockenstraße 9

Das 1482 bis 1484 erbaute Glockenhaus

Das große Glocken- oder Zeughaus dominiert die Glockenstraße. Zwei teilweise erhaltene Friese – im oberen Bereich mit Weinlaub, Löwen und Fabeltieren gestaltet – sowie drei Reihen tief liegender stichbogiger Fenster und ein Spitzbogenportal gliedern die Fassade des bis ins 18. Jahrhundert als Waffendepot genutzten Gebäudes. Auf den vier riesigen Dachböden lagerte Getreide. Seit der Sanierung 1976 befinden sich im Obergeschoss Büroräume und im Untergeschoss ein großer Veranstaltungsraum.

Am Berge

Beachtenswerte Giebelhäuser aus dem 14. bis 17. Jahrhundert reihen sich in der Straße zwischen Abtsmühle und dem Platz Am Sande aneinander. Während das Haus **Am Berge 4** aus dem Jahre 1599 seinen kleinen Dreiecksgiebel mit stufenförmiger Ausbildung von Ecken und Spitze noch bewahrt, hat das Nachbarhaus **Am Berge 5** die Staffeln seines siebenteiligen Giebels eingebüßt. Ein Kaufmann ließ sich ab 1450 das breit ausladende Haus errichten, bemüht, den Schmuckformen der Patrizierbauten in nichts nachzustehen. Die Pfeiler besitzen Rundstabprofile, die gekuppelten Nischen in den Giebelblenden kleeblattförmige Überdecksteine und Rosetten. Über dem Erdgeschoss mit Utlucht erheben sich Ober- und Dachgeschosse mit großen von Zwillingsfenstern begleiteten Ladeluken.

Durch sein auf profilierten Knaggen vorkragendes Fachwerkgeschoss besticht das Haus **Am Berge 25** aus dem Jahre 1620. Ganz anders zeigt sich hingegen der zweigeschossige, glatte Ziegelbau **Am Berge 27/28** aus dem 18. Jahrhundert. Das Rundbogenportal mit schräger gequaderter Laibung wird von zwei gemauerten Pilastern eingefasst. Über dem Gebälk befindet sich eine stichbogige Bekrönung.

Hofansicht des Brömsehauses Am Berge 35

Das Brömsehaus Am Berge 35 ist eines der besterhaltenen und ältesten Patrizierhäuser Lüneburgs. Umfangreichen und liebevollen Restaurierungsarbeiten ist es zu verdanken, dass dieses Werk hansischer Backsteinkunst heute noch so besteht.

Einen Blickfang am einstigen Stammhaus der Sülfmeisterfamilie Brömse bildet das reich profilierte gotische Portal mit spitzbogiger Tür. Der durch Rundpfeiler gegliederte Straßengiebel ist inzwischen stark verändert, hingegen überrascht der zum Hof weisende, aufwendig mit Stichbogenblenden und Tausteinen gestaltete Dreistaffelgiebel: Nach dendrochronologischer Untersuchung entstand er 1467 und blieb fast so erhalten. Seine höchste Staffel gehörte dem Schornstein, der den Heizungsrauch aus Küche und Keller abführte.

Die Diele gibt noch das Bild der alten Wohnkultur wieder und bewahrt verschiedene Baustile. Gotische Elemente finden sich beispielsweise mit den Ziegelplatten des Fußbodens und der Balkendecke, während Treppen, Galerien und Fenster aus der Zeit der Renaissance und des Barock stammen. Der Abdruck einer Katzenpfote an der Tür zum Flügelbau sowie die Schreckfratzen am hinteren Dielenfenster sollten früher das Böse fernhalten und liefern heute Zeugnis vom abergläubischen Brauchtum, das bis ins 19. Jahrhundert hinein anhielt.

Das Gebäude gehört heute der Deutschbaltischen Kulturstiftung, die zu Veranstaltungen, Vorträgen, Konzerten oder Seminaren einlädt.

Auch das ist Lüneburg: Enge,
schluchtartige Gassen mit viel Backstein,
nach außen geöffneten Sprossenfenstern
und Kopfsteinpflaster.
Hier ein Blick in die Papenstraße

Drei erhaltene Spitzbögen an der Südseite des Brömsehauses erinnern daran, dass hier die dreischiffige Hallenkirche des Prämonstratenserklosters Heiligenthal gestanden hat. Der 1382 nach Lüneburg verlegte Konvent wurde 1530 aufgehoben. Lediglich ein Rest vom Westflügel der Klausur (*Am Berge 34*) entging dem Abbruch der Gebäude 1801.

Modernität durch Traufenstellung – dies wollte wohl der Besitzer des dreigeschossigen Patrizierwohnhauses *Am Berge 37* demonstrieren, denn hinter der Fassade von 1568 verbirgt sich ein älteres Giebelhaus. Die Straßenfront zeigt zudem seinerzeit aktuelle Schmuckelemente. Dorische Halbsäulen betonen die Hausecken. Auch die

Hauseingang Am Berge 37

Durchfahrt ist von Säulen flankiert, die das Triglyphengebälk und den Dreiecksgiebel tragen. Prunkvoll gibt sich ebenso der rundbogige Hauseingang. Hier ruht das Gebälk auf Hermenpilastern mit Früchtekörben. Zwei Figuren – „Pax" und „Justitia" – krönen das gerade Gesims. Die hofseitige Architektur beeindruckt mit ihrer auffallend langen, in Fenstern aufgelösten Traufseite.

Im 15. Jahrhundert diente das Gebäude unverheirateten Frauen beziehungsweise Witwen als Wohnsitz. Sie lebten in klosterähnlicher Gemeinschaft.

Wandfärberstraße

Von der Straße Am Berge empfiehlt sich der Weg durch die enge Papenstraße zur Wandfärberstraße. Der traufenständige Backsteinbau *Wandfärberstraße 6* beeindruckt mit seinem über Knaggen vorkragenden Fachwerkobergeschoss und mit dem tausteingerahmten Spitzbogenportal von 1585.

Ein in Lüneburg einzigartiger Fachwerkbau, der vermutlich auf das 17. Jahrhundert zurückgeht, steht in der *Wandfärberstraße 7*. Dreifach kragt der Giebel über gerundeten Balkenköpfen und Füllhölzern vor.

Lüneburger Hausarchitektur

Die Stadt Lüneburg hat in der Vergangenheit nur sehr wenige große Eingriffe in ihre architektonische Substanz erfahren. Wie in den anderen Hansestädten des Nordens dominieren im Profanbau die giebelständigen Häuser.

Bauweise. Das giebelständige Haus erhebt sich über einem gewölbten, meist als Lager- oder Geschäftsraum genutzten Keller. Eine hohe Diele bestimmte das Erdgeschoss. Gewöhnlich befand sich neben dem Eingang die Kontorstube, während im rückwärtigen Bereich die Küche lag. Die Obergeschosse und die Dachböden dienten als Lagerräume. Hinter dem Haupthaus oder seitlich davon schloss sich ein Gebäudeflügel mit den Wohnräumen und einem repräsentativen Saal an.

Material. An den Hauptstraßen stehen vorwiegend Backsteinwohnhäuser, in der westlichen Altstadt sowie auf den Hinterhöfen indes Fachwerkbauten. Der Backstein hat die Stadt vor schweren Bränden bewahrt und sich um 1300 in Lüneburg als Baumaterial durchgesetzt.

Um 1400 wurde sehr viel gebaut, doch blieben nur wenige Häuser erhalten. Der seinerzeit als Baustoff benutzte, aber unkorrekt verarbeitete Gipsmörtel vom Kalkberg vergrößerte im Laufe der Jahre sein Volumen und zerstörte das Mauerwerk.

Ab 1500 vermischten sich oft gotische Formen mit Elementen aus der Renaissance an ein und demselben Bau. Um 1600 verlor sich diese selbstständige Entwicklung der Lüneburger Architektur.

Schmuckformen. Noch heute lässt sich an den Fassaden und an den Giebeln die Entwicklung der architektonischen Formen in Lüneburg erkennen. Die Giebel, meist zur Straßenseite zeigend, sind mit Rosettensteinen, Überdecksteinen in Kleeblattbogenform oder ornamentalen Friessteinen geschmückt. Die Glasuren reichen von grün und braun bis fast schwarz. Insbesondere ab dem 15. Jahrhundert wurden die Fassaden durch verschiedene Formsteine, waagerechte Friese und Terrakottareliefs feingliedriger.

Glasierte Steine und Taustab bereichern die Backsteinfassaden (Foto oben), reich geschnitzte Balken schmücken die Fachwerkbauten (Foto unten).

In der zweiten Hälfte des 15. Jahrhunderts verschwanden die senkrechten Blendengliederungen; kleine Pfosten teilten nun die Luken. Im Giebeldreieck erschien der Kreis als Schmuckelement über jeder Öffnung. Charakteristisch für diese Epoche, die bis zum Ende des 16. Jahrhunderts reicht, ist auch die Verwendung von Taustein. Oft existieren zwei bis drei breite Tausteinschichten zwischen den Pfeilern.

Ab Mitte des 16. Jahrhunderts wurden die Fassaden im Stil der Renaissance zusätzlich durch Medaillons mit Köpfen und durch Figuren gestaltet. Ende des Jahrhunderts kamen Utluchten verstärkt in Mode. Die ebenerdig zur Straße weisenden und vorwiegend aus Fenstern bestehenden Vorbauten unterstützten die Beleuchtung des Inneren. Barock geschwungene Giebel in Volutenform sind für diese Zeit typisch.

Giebelformen. Die Lüneburger Architektur weist vor allem zwei Giebelformen auf: Dreiecksgiebel und Staffelgiebel. Der ältere der beiden ist der *Dreiecksgiebel*. Seine Flächen sind entweder glatt oder durch Lichtöffnungen durchbrochen. Auch senkrechte spitzbogige Blenden sind kennzeichnend. Der *Staffelgiebel* besitzt eine Staffel über jeder senkrechten Nische. Eine plastischere Perspektive bieten hier Formsteine, aus denen die senkrechten Pfeiler gebildet sind und die in den Staffeln in viereckigen Rahmen beziehungsweise spitzbogig aufeinandertreffen.

Im Laufe des 16. Jahrhunderts wandten sich die Patrizier bei ihren Bauten von der witterungsgefährdeten Giebelbauweise mit Staffeln ab und bevorzugten traufenständige, oft durch Sandsteingliederungen symmetrisch gestaltete Häuser.

Am Sande

Der frühere Warenumschlagplatz, dessen Untergrund tatsächlich nicht gepflastert war (daher der Name „Am Sande"), dient heute vor allem als Veranstaltungsort beliebter Stadtfeste. Die größte Freifläche der Altstadt – 225 Meter lang und 35 bis 40 Meter breit – begrenzen, nicht genau in der Achse liegend, die St. Johanniskirche im Osten und das IHK-Gebäude im Westen. Aufgrund der sich zu beiden Längsseiten aneinanderreihenden Backsteingiebel aus verschiedenen Stilepochen zählt der Lüneburger Sand zu den eindrucksvollsten mittelalterlichen Plätzen Deutschlands.

Das aus der ersten Hälfte des 16. Jahrhunderts stammende Haus *Am Sande 6/7* gehörte zu den privilegierten Backhäusern. Deren Besitzer durften Brot backen und feilbieten. Ihren Wohlstand demonstriert eindrucksvoll der gut erhaltene siebenachsige Treppengiebel. Breite Friese trennen etagenweise die jeweils in einer Reihe angeordneten flachbogigen Luken, während gekuppelte Blenden die Betonung der Staffeln übernehmen.

Einen Giebel aus der zweiten Hälfte des 15. Jahrhunderts besitzt das Haus *Am Sande 8*. Kreisblenden über den Luken und gedoppelte Bogennischen, die unter den Staffeln viereckig gerahmt sind, bestimmen die Gestaltung. Als sogenanntes Nebenhaus gehört das kleine Nachbargebäude (Nr. 8a) mit dem etwas jüngeren sechsstufigen Treppengiebel dazu.

Der fünfteilige Giebel am Haus *Am Sande 10* stammt aus der ersten Hälfte des 16. Jahrhunderts. Die Friese sind verputzt, und auch hier findet man gedoppelte Nischen unter den Staffeln. Die Luken sind stichbogig. Ein barocker Treppengiebel mit den typischen Volutenlinien ragt *Am Sande 16* in die Höhe. Er stammt aus dem Jahre 1760, das Haus im Kern jedoch schon aus dem 15. Jahrhundert. Das Rankenwerk und die Wappen an den zwei Beischlagwangen seitlich der rundbogigen Tür verweisen auf die Zeit um 1500. Diese Wangen waren Teil der einst zum Eingangsbereich gehörenden Sitzbänke und besaßen eine Höhe von etwa drei Metern. Deutlich hervor ragen die Utluchten.

Das Haus *Am Sande 20* hat einen kleinen, vierteiligen Giebel mit Taustabprofilen. Die Beischlagwangen mit dem Rankenwerk stammen hier jedoch erst aus dem 18. Jahrhundert.

Der ehemalige *Patrizierhof Am Sande 30/31* wurde im Laufe der Jahrhunderte mehrfach verändert. Das Haupthaus geht im Kern bis ins 14. Jahrhundert zurück und besitzt eine barock umgestaltete große Diele. Auf dem massiven Bau erhebt sich seit 1608 ein zweites Obergeschoss in Fachwerk. Eine Durchfahrt ermöglicht den Zugang zu einem der schönsten Hinterhöfe Lüneburgs, gebildet aus weiteren Nebengebäuden mit an Knaggen, Balkenköpfen

Innenhof Am Sande 30/31

und profilierten Schwellen reichem Fachwerk und dem Festsaalflügel mit Sandsteinwappen. Zum Anwesen gehörten ursprünglich auch die Gebäude Papenstraße 2 bis 4.

Auf dem Eckgrundstück zur Straße Am Berge erhebt sich die imposante Gebäudegruppe **_Am Sande 43/44_**. Das Giebelhaus erhielt in der ersten Hälfte des 16. Jahrhunderts den Backsteinanbau als Seitenflügel. Dieser erfuhr jedoch mit der Zeit sehr starke Veränderungen.

Der Giebel **_Am Sande 46_** stammt aus der zweiten Hälfte des 15. Jahrhunderts und besticht vor allem mit den halbrunden, grün glasierten Pfeilern. Rosetten schmücken die Bereiche über den Luken.

Den ältesten erhaltenen Giebel der Salzstadt besitzt das Haus **_Am Sande 50_**. Zwar wurde die zum Platz zeigende Fassade um 1800 umgestaltet, aber der heute staffellose Hofgiebel stammt mit seinen Zwillingsluken aus der Erbauungszeit um 1300. Leider führten bauliche Maßnahmen in den zurückliegenden Jahren dazu, dass man keinen Blick mehr auf das Kleinod werfen kann.

Der **_ehemalige Ratsbierkeller (Am Sande 53)_** bewahrt einen fünfteiligen Stufengiebel, der spätestens aus der ersten Hälfte des 15. Jahrhunderts stammt. Die profilierten Pfeiler reichen bis hinunter zum Dielengeschoss. Auch die Teilungspfosten der gekuppelten Öffnungen sind in ganzer Höhe durchgehend. Der erhaltene Aufzugsausleger diente dazu, die Waren in die oberen Geschosse und durch die Ladeluken in die Speicherböden zu bringen.

Mit dem Renaissancebau von 1548 erhebt sich **_Am Sande 1_** eines der eindrucksvollsten Gebäude Lüneburgs. Früher war es ein Brauhaus, dann eine Gastwirtschaft und später in den Händen eines Einzelhändlers bzw. der Staatsbank. Seit dem Zweiten Weltkrieg hat hier die Industrie- und Handelskammer ihren Sitz.

Auf dem dreigeschossigen Unterbau mit Utluchten ruht ein besonders imposanter siebenteiliger Staffelgiebel. Die Teilung der Geschosse übernehmen verputzte, mit Taustäben besetzte Friese. Seinen Charakter erhält der Giebel durch dunkel gestrichene Backsteine und farbig glasierte Terrakottamedaillons, die sich in den Bogenzwickeln der Geschossblenden und auf den Friesen befinden. Auch zur Grapengießerstraße hin beeindruckt das Haus mit dieser Blendarchitektur. Das kleinere Nebengebäude (Am Sande 2) zeigt ähnliche Schmuckelemente.

Am Sande 1 und 2

St. Johanniskirche

St. Johanniskirche

Baugeschichte. Nach Ausgrenzung und späterem Verfall der am Fuße des Kalkberges gelegenen Cyriacuskirche war St. Johannis die einzige Pfarrkirche der Stadt Lüneburg. Das Patrozinium und die Lage nahe der Ilmenaufurt, also im Zentrum des Siedlungskerns Modestorpe, gestatten die Annahme, dass es sich um eine bereits in der Karolingerzeit gegründete Tauf- und Missionskirche handelt. Näheres ist nicht bekannt. St. Johannis ist eine fünfschiffige gotische Hallenkirche aus Backstein, deren Kernbau – ein dreischiffiges Langhaus mit Chor und Westturm – um 1310 vollendet war. Die baulichen Erweiterungen zur heutigen Gestalt erfolgten überwiegend im 14. Jahrhundert. Vorbilder des Kernbaus sind hauptsächlich die Marienkirche in Lübeck und, beschränkt auf Elemente des inneren Ausbaus, der Dom in Verden. Lübeck als der Vorort

i Seite 56

der Hanse war der wichtigste Wirtschaftspartner der Stadt Lüneburg, in Verden residierte der zuständige Diözesanbischof. Der Kernbau von St. Johannis wurde wiederum Vorbild für Kirchenbauten in Niedersachsen, in der Altmark und in Brandenburg.

St. Johannis war nicht nur die einzige Pfarrkirche der Stadt, sondern auch Archidiakonatskirche, also Mittelpunkt eines kirchlichen Verwaltungssprengels der Diözese Verden. Bestrebungen, den Bischofssitz nach Lüneburg mit St. Johannis als Kathedralkirche zu verlegen, stießen auf den Widerstand der Stadt. 1406 erhielt der Rat das Patronat über St. Johannis. Spätestens seit dieser Zeit gilt das Gotteshaus als Ratskirche, reich mit Stiftungen der Gilden und der führenden Familien versehen, die mit Beginn des 15. Jahrhunderts hier ihre Grablegen einrichteten.

43

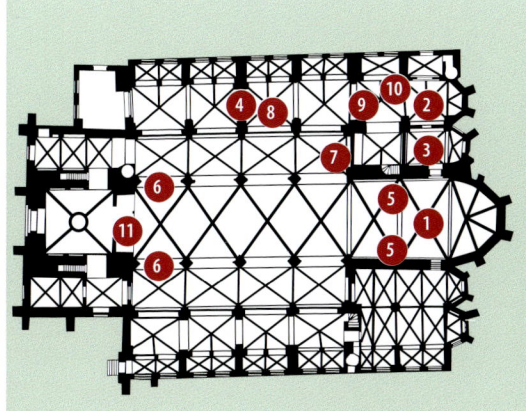

1 Hauptaltar (um 1430)
2 Kreuzigungsaltar (um 1525)
3 St.-Ursula-Kapelle mit Kreuztragungsaltar (1516)
4 Baldachinaltar
5 Chorgestühl
6 Stöterogge-Epitaphien
7 Epitaph, gefertigt von Albert von Soest (1575)
8 Marienleuchter (um 1490)
9 Bronze-Taufbecken (1540)
10 Sandsteinrelief (um 1420)
11 Große Orgel

Ausstattung Trotz erheblicher Verluste hauptsächlich mittelalterlicher Kunstgegenstände verfügt St. Johannis über eine reiche Ausstattung. Im Chorraum dominiert der große doppelte ***Flügelaltar***, dem Bildprogramm nach ein Passionsaltar. Predella, Schrein und Innenseiten der Innenflügel sind mit geschnitzten Szenen und Figuren versehen. Den Kern bildet ein Zyklus von 14 Darstellungen aus dem Leben Christi, vor allem zur Passion. Diese Schnitzwerke werden dem Lüneburger Meister Clawes Klovesten zugeschrieben und entstanden um 1430.

Unterhalb dieser Szenen befindet sich eine über die gesamte Breite laufende Zone von 16 Baldachinen, unter denen je eine weibliche Heiligenfigur steht. Analog dazu gibt es eine Zone mit zehn Apostelfiguren oberhalb der Passionsszenen. Beide Figurenreihen sind später als die Mittelzone entstanden und stammen aus unterschiedlichen Werkstätten. Noch jünger sind die sechs Prophetenfiguren in der Predella. Sie wurden um 1480 geschaffen.

Von hohem künstlerischen Rang sind die vier Tafelbilder der ersten Wandlung, 1482/85 von dem Hamburger Hinrik Funhof geschaffen. Die Malereien erzählen, jeweils in mehreren Episoden, die Legenden der Heiligen Georg, Ursula, Cäcilie und Johannes des Täufers.

Die Außenseiten zeigen das Ecce homo aus der Passion Christi und die Kreuzigung, Arbeiten eines Funhof-Schülers. Auf der Rückseite des Schreines ist ein auf Leinen gemaltes Bild von Daniel Frese aus der Renaissancezeit angebracht, das sich der Allegorie „Christus als Lebensbrunnen" widmet. Den Gewölbeschlussstein über dem Altar überdeckt ein großer sechseckiger Stern mit dem Lamm Gottes im Mittelpunkt.

Blick auf den Hauptaltar

Weitere mittelalterliche Altäre befinden sich an anderen Stellen im Kirchengebäude. Im nördlichen Nebenchor steht ein **Kreuzigungsaltar, um 1525** datiert und dem Meister der Lübecker Burgkirchensippe zugeschrieben. Der gesamte Schrein ist von einer figurenreichen Darstellung der Kreuzigung Christi ausgefüllt, in den beiden Flügeln stehen unter Baldachinen jeweils sechs Apostelfiguren. Die Rückseiten der bemalten Flügel dokumentieren – wie der Hochaltar – Szenen aus dem Leben der Heiligen Johannes des Täufers, Georg, Ursula und Cäcilie.

Links neben dem Altar ist an der Wand ein aus derselben Werkstatt stammender kleiner Schrein angebracht, der ursprünglich zur Bekrönung des Retabels gehörte. Er zeigt eine Madonna im Strahlenkranz, begleitet von Engeln.

Aus dem Jahr 1516 stammt der **Kreuztragungsaltar** in der vom nördlichen Nebenchor zugänglichen St.-Ursula-Kapelle, welche als Schatzkammer eingerichtet worden ist. Hier werden kostbares liturgisches Gerät und Textilien aus dem Besitz der Kirche St. Johannis gezeigt.

Aus mehreren, ursprünglich nicht zusammengehörigen Einzelteilen besteht der **Baldachinaltar** im nördlichen Seitenschiff. Das Zentrum bildet eine Figur Johannis des Evangelisten, Rest eines um 1380 gefertigten Marienaltars.

Das ehemals zweireihige **Chorgestühl** besteht heute aus beiderseits 14 Sitzen ohne Rückwand, jedoch mit Seitenlehnen versehen. Die hohen Wangen des östlichen Abschlusses entstanden um 1420 und tragen Schnitzereien mit Apostel- und Heiligenfiguren sowie Ecclesia und Synagoge. Die Stützkonsolen der Sitzbretter besitzen ebenfalls Schnitzereien. 1588 wurde die kunst-

Kreuzigungsaltar (um 1525) im nördlichen Nebenchor

45

volle Renaissancetäfelung über den Sitzreihen geschaffen.

Eine Vielzahl von **Epitaphien** aus dem 16. bis 18. Jahrhundert bestimmt das Erscheinungsbild des Kirchenraumes. Hervorzuheben sind die monumentalen Sandsteinepitaphien für Hartwig und Nikolaus Stöterogge von 1552 beziehungsweise 1561 am westlichen Pfeilerpaar sowie das 1575 von Albert von Soest gearbeitete Wanddenkmal für den Stadthauptmann Fabian Ludich.

Weitere bemerkenswerte Ausstattungsstücke sind der im nördlichen Seitenschiff hängende **Marienleuchter** (um 1490), das 1540 für die Lambertikirche gefertigte **Taufbecken** aus Bronze in der nördlichen Nebenkapelle sowie das ebenfalls dort befindliche kleine **Sandsteinrelief (um 1420)** mit einer Darstellung der Verkündigung an Maria.

Die **Große Orgel**, eine der bedeutendsten Norddeutschlands, beherrscht die Westwand der Kirche. Hauptwerk, Oberwerk und Rückpositiv erschufen 1551/53 Hendrik Niehoff und Jasper Johansen aus s'Hertogenbosch. 1712 bis 1715 veränderte und erweiterte der Schnitger-Schüler Matthias Dropa aus Hamburg das Werk. Ihm verdankt die Orgel die beiden barocken Pedaltürme. Seit 2010 erklingt außerdem eine von der Firma Kuhn aus Zürich neu errichtete Chororgel auf dem Junkernlektor.

Die **Farbverglasung** der Kirche ist neuzeitlich. Die Fenster der Südwand gehen auf Stiftungen des 19. Jahrhunderts zurück, das Fenster des Chorscheitels mit der Darstellung der Kreuzigung Christi wurde 1909 von Kaiser Wilhelm II. gestiftet.

Große Orgel

Westliche Altstadt

Am Rathaus, an der Kreuzung Waagestraße/Neue Sülze fällt das Gelände nach Westen hin deutlich ab. An dieser Stelle verläuft die Abbruchkante des Senkungsgebietes. Die durch das Abpumpen der Sole unter der Erde entstandenen Hohlräume führten hier zu Absenkungen. Den Charakter der westlichen Altstadt prägen in erster Linie Handwerker- und Kleinbürgerhäuser aus dem 16. und 17. Jahrhundert. Meist sind dies mittelgroße Traufenhäuser, mal aus Fachwerk, mal aus Backstein. Auch Schmuckelemente, wie sie die reichen Patrizierbauten gestalten, finden sich an den Bauten der einfachen Mittelschicht, wenngleich in bescheideneren Ausführungen.

Auf dem Meere

Die Straße Auf dem Meere, die zur Michaeliskirche führt, flankieren kleine Reihenhäuser aus dem 16. Jahrhundert mit Utluchten und Dacherker. Die Obergeschosse bestehen aus Fachwerk. Besonders hervorstechend sind der spätbarocke Massivbau **Auf dem Meere 9** – eine Art Stadtpalais mit Putzfassade – sowie das Haus **Auf dem Meere 36**. Über dem hohen Dielengeschoss

Blick zum Senkungsgebiet mit St. Michaelis

mit Utlucht und dem niedrigen Luchtgeschoss mit Stichbogenblenden ragt ein siebenteiliger Giebel aus dem 16. Jahrhundert in die Höhe. Seine Staffeln wurden später abgeschlagen. Mit vierfachem Gewändeprofil aus Taustein wartet das Spitzbogenportal des Hauses auf. Die vollplastischen Terrakotta-Köpfe in den Rundmedaillons der Fassade entstammen der Sanierungsphase des Hauses in den 1990er Jahren.

Auf dem Meere 21

Das spätgotische Traufenhaus **_Auf dem Meere 21_** entstand 1523 und besitzt einen extravaganten Eingangsbereich. Der Maler Peter up dem Borne, der auch im Rathaus den Aufenthaltsraum der Reitenden Diener verschönerte, bewohnte das Haus und bemalte die Decke der bis zum Dachansatz reichenden Diele, wie sie noch in der linken Haushälfte erhalten ist.

Auf der Altstadt

Die ehemalige Marktstraße führt ebenfalls zur Michaeliskirche und bietet einen Blick auf alte Giebel- und Traufenhäuser. Das Staffelgiebelhaus **_Auf der Altstadt 30_** ist das kleinste seiner Art in Lüneburg. Der schmale Backsteinbau aus der zweiten Hälfte des 16. Jahrhunderts besitzt ein gotisches Portal mit gut erhaltenem Oberlicht. Einmalig in der Stadt liegen unterhalb des Kranauslegers Windeluke und Fenster im oberen Giebelbereich nebeneinander.

Der sich zur Oberen Ohlingerstraße erstreckende Fachwerkflügel vom Haus **_Auf der Altstadt 43_** ist auf das Jahr 1573 zu datieren. Über zwei massiv aufgeführten Geschossen erhebt sich das aus zehn Gefachen bestehende Fachwerk. Die Schwelle ist mit flachem Rankenwerk geschmückt.

Untere Ohlingerstraße

Giebel- und Reihenhäuser prägen das Bild der Unteren Ohlingerstraße. Die drei Häuser aus Backstein *Untere Ohlingerstraße 2 bis 4* gehörten – nahezu identisch gestaltet – ursprünglich als lang gestrecktes Reihenhaus zusammen. Im Laufe der Zeit erfolgten immer wieder Veränderungen und schließlich verloren sich die Gemeinsamkeiten durch das Aufsetzen des Fachwerkgeschosses an Haus Nr. 2 im 19. Jahrhundert gänzlich.

Töpfer und Brauer sowie Goldschmiede bewohnten einst die Giebelhäuser *Untere Ohlingerstraße 7 und 8*. Das im Kern auf das Jahr 1476 zurückgehende Haus 7 erhielt Mitte des 16. Jahrhunderts seine Fachwerkfassade mit bemalten Knaggen und den renaissancetypischen Fächerrosetten. Dahinter verbirgt sich die letzte erhaltene Handwerkerdiele Lüneburgs. Dank aufwendiger Restaurierung erhielt sie ihr ursprüngliches Fußbodenniveau zurück. Da sich die Straße im Laufe der Jahrhunderte um etwa 1,50 Meter erhöht hat, führen nun ein paar Stufen hinab in den historisch wertvollen Raum. Sowohl die Holzbalkendecke als auch die Wände haben einen weißen Anstrich mit grünen Bändern. Vor der offenen Herdstelle mit Rauchfang befindet sich der Stubeneinbau.

Äußerlich auf den ersten Blick ähnlich gestaltet zeigt sich das Nachbarhaus Nr. 8. Dominant treten hier jedoch die Utlucht, das Spitzbogenportal sowie der dreifach vorspringende Dachgiebel in Erscheinung.

Auch die heute eigenständigen Häuser *Untere Ohlingerstraße 33/34* besitzen einen alten Hauskern. Das 1376 erbaute traufenständige Gebäude mit den beiden Seitengiebeln stand ursprünglich frei. In einem Giebel existiert noch ein gotisches Fenster. Auffällig sind die kleinen Luken in den Speichergeschossen. Das Haus besaß sogar eine Fußbodenheizung, die eigentlich eher in größeren Giebelgebäuden vorzufinden war. Deshalb liegt die Vermutung nahe, dass Patrizier das Haus erbauen ließen, um es anschließend zu vermieten.

Handwerkerdiele Untere Ohlingerstraße 7

St. Michaeliskirche

Seite 56

Baugeschichte. Durch die Verlegung des 1371 aufgegebenen Klosters St. Michaelis vom Kalkberg in die Stadt begannen 1376 die Bauarbeiten für die neue dreischiffige Hallenkirche aus Backstein mit Chor, Westturm und einer Unterkirche im Osten. Diese wurde schon drei Jahre später geweiht. Der Hochchor und die drei östlichen Joche des Langhauses waren 1390 fertiggestellt. Vermutlich fehlender Mittel wegen unterbrach man die Bauarbeiten, setzte sie aber zu Beginn des 15. Jahrhunderts fort. 1418 erfolgte die Schlussweihe der Kirche. 1430 begann die Errichtung des Turmes, der jedoch unvollendet blieb.

Größere Baumaßnahmen wurden erst wieder im 18. Jahrhundert vorgenommen. Die ursprünglich drei einzelnen Satteldächer über den Schiffen ersetzte man durch ein die gesamte Kirche überspannendes Dach. Außerdem wurde das oberste Turmgeschoss neu aufgeführt und die elegante Welsche Haube mit Laternenbekrönung aufgesetzt.

52

Auf der Altstadt mit Turm der St. Michaeliskirche

Neogotischer Altar im Chor

Baubeschreibung. Das äußere Erscheinungsbild der Kirche bestimmt an ihren Längsseiten der Rhythmus der eng aufeinanderfolgenden Strebepfeiler, zwischen denen dreibahnige Fenster liegen. Diese Gestaltung ist den Obergadenwänden des Magdeburger Domes verwandt. Das Innere mit den starken Rundpfeilern orientiert sich am Verdener Dom.

Die **Unterkirche**, eine dreischiffige Halle mit Kreuzrippengewölbe und fünfseitigem Chorhaupt, erfuhr 1894 bis 1898 umfangreiche Restaurierungsmaßnahmen, die aber den Raumcharakter in seinen ausgewogenen Proportionen nicht beeinträchtigt haben. Bemerkenswert sind die Gewölbeschlusssteine, die in qualitätvoller Arbeit zwölf Medaillons mit mariologischen und christologischen Symbolen sowie heilsgeschichtlichen Darstellungen zeigen. Die Glasmalerei des Ostfensters schuf 1898 Alexander Linnemann, der die Auferstehung Christi thematisierte.

Während einer umfassenden Umgestaltung des Kircheninneren in den Jahren 1792 bis 1794, die infolge der Vereinigung von Kirchengemeinde und Garnisongemeinde Lüneburg notwendig wurde, verlor St. Michaelis nahezu vollständig die reiche mittelalterliche Ausstattung. Eine Regotisierung nach 1864 stellte zumindest die ursprüngliche Wirkung des Raumes wieder her.

i Seite 56

Ausstattung. Mittelalterliche Tafelmalerei, darunter die Flügel des berühmten, als „Goldene Tafel" bezeichneten Hochaltars der Kirche, und ein Teil des Reliquienschatzes werden heute in hannoverschen Museen verwahrt.

Das **Retabel des jetzigen Hochaltars** mit hoch aufragendem Gesprenge wurde 1866 geschaffen. Es zeigt in Kopie eine Darstellung der Beweinung Christi, Hauptwerk des in Hannover geborenen Malers Wilhelm Rotermund (1826 - 1859). An den Wänden des Chorpolygons hängen **Gemälde der vier Evangelisten**, 1793 für die Kirche beschafft.

An der Stirnwand des südlichen Seitenschiffs befindet sich die nach 1567 zur Traditionspflege angefertigte, sogenannte **Abtswappentafel**. Sie zeigt die zum Teil fiktiven Wappen der Äbte des Klosters St. Michaelis von den Anfängen her und überbringt, teils in Versform, Nachrichten zur Geschichte des Klosters, die allerdings heutigen Erkenntnissen nicht mehr standhalten.

Im westlichen Joch des südlichen Seitenschiffs ist das **Epitaph** des ersten evangelischen Abtes Herbord von Holle angebracht. Der 1555 verstorbene Abt ist kniend in betender Haltung vor einem Kruzifix dargestellt. Ahnenwappen und Medaillonporträts norddeutscher Reformatoren setzen zusätzliche Akzente.

Ein herausragendes Kunstwerk ist die **Kanzel von 1601/02**. Der Bildhauer David Schwenke aus Pirna fertigte sie in Formen der Hochrenaissance. Auf einem Pfeiler, vor dem eine Figur des Apostels Paulus

steht, ruht der architektonisch gegliederte Kanzelkorb. Er geht auf eine noch im 17. Jahrhundert vorgenommene Erweiterung zurück. Zum ursprünglichen Bestand gehören die Darstellungen Christi Geburt, Taufe, Kreuzigung, Auferstehung und Jüngstes Gericht. Der späteren Phase entstammen Kartuschen mit Prophetenzitaten sowie die Verkündigung an Maria zu Anfang und eine Trinitätsdarstellung als Abschluss. Die Brüstungsfelder des Kanzelaufgangs zeigen die vier Evangelisten mit ihren Symbolen und zwei Wappendarstellungen. Der Schalldeckel mit einer bekrönenden Figur des Erzengels Michael stammt von 1865.

Auf einer vor die Westwand des Mittelschiffs gestellten Empore befindet sich die große **Orgel**. Sie wurde 1708 von dem Schnitger-Schüler Matthias Dropa aus Hamburg gebaut, der später die Erweiterung der Orgel in St. Johannis vornehmen sollte, und verfügt über einen vollständig erhaltenen barocken Prospekt. Dropas Anlage wurde 1860 weitgehend verändert und romantischem Klangempfinden angepasst. 1931, 1956 und 1998 fanden Veränderungen bzw. Restaurierungen statt, die den barocken Klangcharakter im Kern wiederherstellten.

Klostergeschichte. Schon im 10. Jahrhundert erbaute man auf dem Kalkberg im Westen der Stadt neben der Burg das Kloster St. Michaelis. Es wurde dem Benediktinerorden übergeben und war schon bald das mächtigste und reichste Ordenshaus in Nordostdeutschland. Als jedoch

54

städtische Kräfte 1371 die Burg eroberten, musste auch das Kloster samt Kirche aufgegeben werden. Es wurde innerhalb der Stadt mit der heutigen St. Michaeliskirche als Zentrum neu errichtet.

1548 wurde das Kloster evangelisch, jedoch löste man 1655 den evangelischen Konvent auf. Das Klostervermögen kam einer Schule für junge Adelige zugute, der Ritterakademie. Sie erweiterte das traditionell hoch stehende Schulangebot an St. Michaelis, von dem auch Johann Sebastian Bach als Freischüler von April 1700 bis 1702 profitierte.

Ritterakademie und Kloster wurden 1850 aufgehoben. Das gesamte Vermögen fiel an den Hannoverschen Klosterfonds, den die Klosterkammer Hannover verwaltet. Bis heute Eigentümerin der Kirche, wendet sie erhebliche Summen für deren Erhalt auf. Von den 1711/12 umgebauten mittelalterlichen Klostergebäuden blieb nur die sogenannte Abtei erhalten, die im Kern den Westflügel des Klosters darstellt.

Ruinen vom Untergeschoss des Ostflügels

Adressen und Öffnungszeiten

St. Johanniskirche
Am Sande, Tel. (0 41 31) 4 45 42 (Di-Fr 10.30-12 Uhr), *www.st-johanniskirche.de*
Öffnungszeiten:
Mo bis Mi 10 - 17 Uhr, Do 10 - 18 Uhr, Fr 10 - 20 Uhr, Sa 10 - 18 Uhr, So 11 - 16 Uhr
Führungen: 1. Mai bis 31. Oktober Sa 12 Uhr und So 11.15 Uhr nach dem Gottesdienst sowie nach Vereinbarung; **Turmführung:** nach Absprache unter Tel. (0 41 31) 898 37 11, **Orgelführung** für Gruppen: nach Absprache unter Tel. (0 41 31) 73 15 42, **Turmbläserchoral:** Mo bis Fr 9 Uhr, Sa 10 Uhr

St. Michaeliskirche
Johann-Sebastian-Bach-Platz, Tel. (0 41 31) 3 75 49, *www.sankt-michaelis.de*
Öffnungszeiten: April bis September Mo bis Sa 10 - 17 Uhr, So 14 - 18 Uhr, Oktober bis März Mo bis Sa 10 - 16 Uhr, So 14 - 16 Uhr

Historisches Rathaus
Am Markt 1 (Eingang Am Ochsenmarkt), Tel. 0800 - 220 50 05 (kostenfrei)
Führungen: April bis Dezember Di bis Sa 11, 12.30, 14.30 und 16 Uhr, So/Fei 11 und 14 Uhr, Januar bis März Di bis So 11 und 14 Uhr (Einlass 15 Minuten vorher), Treffpunkt: Am Ochsenmarkt, Eingang K, **Gruppenführungen** nach Anmeldung

Deutsches Salzmuseum
Sülfmeisterstraße 1, Tel. (0 41 31) 4 50 65, *www.salzmuseum.de*
Öffnungszeiten: Mai bis September Mo bis Fr 9 - 17 Uhr, Sa/So 10 - 17 Uhr
Oktober bis April Mo bis So 10 - 17 Uhr

Brauereimuseum
Heiligengeiststraße 39, Tel. (0 41 31) 4 48 04, *www.brauereimuseum-lueneburg.de*
Öffnungszeiten: Di bis So 13 - 16.30 Uhr, **Gruppenführung** nach Anmeldung

Ostpreußisches Landesmuseum
Ritterstraße 10, Tel. (0 41 31) 7 59 95-0, *www.ostpreussisches-landesmuseum.de*
Öffnungszeiten: Di bis So 10 - 18 Uhr, **Gruppenführung** nach Anmeldung

Heinrich-Heine-Haus Literaturbüro Lüneburg e.V.
Am Ochsenmarkt 1a, Tel. (0 41 31) 3 09 36 87, *www.literaturbuero-lueneburg.de*
Buchlesungen und andere Veranstaltungen, **Geschäftszeiten:** Mo bis Fr 9 - 12 Uhr

Brömsehaus Deutschbaltische Kulturstiftung
Am Berge 35, Tel: (0 41 31) 3 67 88
kulturelle Veranstaltungen, Vorträge, Konzerte

Kalkberg
Ein idyllisches Plätzchen zum Spazierengehen befindet sich unweit vom Zentrum, ganz in der Nähe des Großparkplatzes an den „Sülzwiesen". Hier erhebt sich der heute nur noch 56 Meter hohe Kalkberg. Jahrhundertelang diente er als Gipsbruch und büßte dabei etwa 24 Meter seiner ursprünglichen Höhe ein. 1932 wurde der Berg zum Naturschutzgebiet erklärt. Schroffe Steilwände lassen noch den ehemaligen Steinbruch erkennen. Am Grund des Kalkbergs existiert ein kleines Feuchtbiotop mit Schilfflächen und Sumpfzonen.

Abtsmühle mit Ratswasserkunst

► # An der Ilmenau bummeln

Am Stintmarkt

Wasserviertel

Als letzter Bereich der Altstadt entstand im 13. Jahrhundert das sogenannte Wasserviertel mit dem Hafen. Alter Kran und Kaufhaus, Bürgerhäuser und Speicher sowie Lüner Mühle und Abtswasserkunst prägen das beschauliche Ambiente an der vorbeifließenden Ilmenau.

Alter Kran

Der „Alte Kran" – Lüneburgs heimliches Wahrzeichen – war seit dem Mittelalter vor allem für die Verladung von Ostseeheringen und Salz aus der Saline unentbehrlich. Der Am Fischmarkt befindliche Kran taucht in den Quellen erstmals 1346 auf. Nach einigen Umbauten 1482 stellte ihn Molemester Hinrick 1537 auf vier große Eisenplatten. Der Zimmermann G. P. Hintze gab dem Kran 1797 seine heutige Gestalt nach mittelalterlichem Vorbild.

Im Inneren befinden sich zwei große Treträder. In ihnen liefen bis zu acht Menschen, wodurch sich die Ketten der Aufzugsvorrichtung bewegten. Der Kran war ein Meisterwerk mittelalterlicher Ingenieurskunst.

Kaufhaus

Kran und Kaufhaus sind durch die Verladung von Waren eng miteinander verbunden. Das Kaufhaus kannten die Lüneburger bis ins 15. Jahrhundert hinein unter dem Namen „Dat Heringshus", denn Ostseeheringe gehörten zum wichtigsten Handelsartikel im mittelalterlichen Lüneburg. Im Kaufhaus lagerten Waren einheimischer, aber auch auswärtiger Kaufleute, die ihre Produkte drei Tage lang in der Stadt anbieten mussten.

Ein durch den berüchtigten Lüneburger Feuerteufel Herbert Rademacher verursachter Brand vernichtete 1959 das Kaufhaus. Lediglich die barocke Schaufassade, 1741 bis 1745 unter Federführung des Stadtbaumeisters Haeseler errichtet, blieb erhalten. Der sich dahinter erhebende Neubau wurde bis Ende 2009 unter Beibehaltung der Proportionen des Vorgängers neu aufgeführt und darin ein Hotel eröffnet. Weiterhin prägt der barocke Voluten-Giebel das Antlitz des Ge-

Alter Kran

Kaufhaus

bäudes. Das Untergeschoss gliedern vier dorische Pilasterpaare, die ein Triglyphengesims als Teilung zum oberen Geschoss tragen. Auf dem Gesims stehen zwei ionische Pilasterpaare. Sie schließen in der Mitte ein rundbogiges Fenster sowie das Stadtwappen ein. Den krönenden Dreieckgiebel durchbricht ein Dachreiter mit Kupferhaube.

Stintmarkt

Dem Stint, einem kleinen, silberglänzenden und heringsförmigen Lachsfisch, verdankt der Platz seinen Namen. Romantisch an der Ilmenau gelegen, verbreitet der Stintmarkt mit den vielen Kneipen und Cafés vor allem im Sommer ein geradezu südländisches Flair. Doch der Platz zeichnet sich auch durch stattliche Giebelhäuser aus.

Besonders sehenswert ist das Haus **Am Stintmarkt 7**, dessen ehemaliger Renaissancegiebel zu einem Schweifgiebel mit ädikulaartiger Luke barock umgestaltet worden ist. Dem spitzbogigen Portal mit Rundstabprofil wurden erst 1980 die beiden nicht ursprünglich zugehörigen Beischlagwangen angefügt.

Das Haus **Am Stintmarkt 9** fällt durch sein hohes Dielengeschoss mit Utlucht auf. Es scheint von dem schweren barocken Volutengiebel mit Ädikula fast erdrückt zu werden. Über der hohen geteilten Diele des Gebäudes **Am Stintmarkt 10** beeindruckt der Renaissancegiebel aus dem 16. Jahrhundert. Spitzbogig überwölbte Nischen werden umfasst von Rundstäben und Friesen in Tausteinrahmen. Die Staffeln sind mit Kreisblenden geschmückt.

Mediterranes Flair am Stintmarkt

Das durch einen Großbrand Ende 2013 zerstörte Haus Am Stintmarkt 2 soll bald wieder aufgebaut werden.

Viskulenhof

Direkt am Hafen, an der Salzstraße am Wasser, steht der Viskulenhof mit seiner rauhen Fassade, die alte Hafenatmosphäre ausstrahlt. Einige sagen, dass er seinen Namen aufgrund stromaufwärts ziehender Lachse erhalten hat, die eine kuhlenartige Vertiefung („Fischkuhle") in der Ilmenau als Ruhezone nutzten. Tatsächlich aber geht der Name auf das Patriziergeschlecht der Viskule zurück, die dort ihr Anwesen errichteten. Seine vornehmen Akzente kann man heute noch an den Fenstern und an Wappenschilden erkennen.

Das vor 1475 entstandene Gebäude war Handelshof, Wohnhaus

Am Stintmarkt 7

und Salzspeicher. Im Hof befand sich eine Kapelle mit eigenem Priester und einem Glockenturm. 1485 verschuldete sich jedoch die einst so wohlhabende Patrizierfamilie, sodass das Gebäude verkauft werden musste. Daraufhin wurde es zum größten Salzspeicher der Stadt umgebaut. Später diente der Viskulenhof als Getreidespeicher und als Brauerei sowie im Zweiten Weltkrieg als Waffenlager.

Auf dem Nachbargrundstück ist ab 2011 ein Neubau entstanden, der in seinen Formen und Materialien an Struktur und Volumen des in den 1950er Jahren abgebrannten mächtigen Vorgängerbaues anknüpft. Auch der alte Speicher soll noch saniert werden.

Viskulenhof

Abtswasserkunst am Ilmenauhafen
mit dem Stintmarkt vor dem Brand im Dezember 2013

Abtsmühle mit Abtswasserkunst

Als Geschenk Heinrichs des Löwen kam die Abtsmühle – eine der „neddersten Molen" – Mitte des 12. Jahrhunderts an den Abt des Michaelisklosters. Im 14. Jahrhundert ging der Besitz als Lehen an eine Lüneburger Ratsfamilie. Im Laufe der Zeit hat die Mühle viele bauliche Veränderungen erfahren. Ihre heutige Form geht auf das Jahr 1880 und den damaligen Betreiber Heinrich Behr zurück.

Neben der Mühle erhebt sich seit 1530 die Abtswasserkunst. Der fünfgeschossige, mit Krüppelwalm überdachte Turm besitzt leicht geböschte Stützmauern. Er wurde auf Initiative von 24 Brauern errichtet, die zuvor mit dem Mönchskonvent vom Kloster St. Michaelis einen Vertrag abgeschlossen hatten. Darin verpflichteten sich die Brauer, die Benediktiner mit Wasser zu versorgen und als Hauptnutzer den größten Teil der Baukosten zu übernehmen. Die Anlage speiste öffentliche und private Brunnen. Mittels eines Sammelbehälters und eines Fallrohres, durch welches das Wasser in die Leitung gedrückt wurde, erhielt Lüneburg das kostbare Nass. Der Abtskunstwärter, der im Turm wohnte, hielt zusammen mit einem Meister und einigen Knechten die aufwendige Anlage instand.

In der Mühle wurde noch bis 1995 Mehl gemahlen. Heute gehört das Gebäudeensemble zu einem Hotel.

Lüner Mühle

Am Fischmarkt 1 steht die 1391 erstmals erwähnte Lüner Mühle. Das einst zum Kloster Lüne gehörende zweigeschossige Fachwerkgebäude mit Krüppelwalmdach stammt

Lüner Mühle (links) und Abtswasserkunst (rechts)

Da die Arbeit des Müllers extrem vom Wetter abhängig war, weil sich die Räder bei gefrorenem Wasser oder zu niedrigem Wasserstand nicht bewegten, durfte er Tag und Nacht und an Sonn- und Feiertagen arbeiten. Er und seine Gesellen zählten, wogen und registrierten die Kornsäcke, transportierten sie auf den Speicher, schütteten ständig Korn nach und füllten beziehungsweise wogen das gewonnene Mahlgut ab.

von 1576 und wurde 1983 nach einem Brand wieder hergerichtet. Das vorkragende Obergeschoss ruht auf profilierten Konsolen und besitzt gekrümmte Kopf- und Fußbänder. Die Gefache sind mit Ziegelmustern ausgemauert. Durch die an der Landseite des Hauses noch erhaltenen übereinander angeordneten Aufzugsluken wurde mittels eines Auslegers das Getreide in die Mühle gebracht. Das Wasserrad, das die Mahlsteine antrieb, ist heute nicht mehr vorhanden.

Alle Bauern, die vom Kloster Lüne abhängig waren, mussten hier ihr Korn mahlen lassen. Nur die Grundherren hatten das Recht, eine Mühle zu erbauen und zu unterhalten. Infolge des Dreißigjährigen Krieges und durch Hochwasser nahm die Lüner Mühle über die Jahrhunderte schweren Schaden. Dennoch wurde bis 1970 Futtermehl produziert. Seit den 1990er Jahren gehört die reizvoll gelegene Anlage zum benachbarten Hotel.

Lünertorstraße 4

Eines der schönsten Häuser der Stadt befindet sich in der *Lünertorstraße 4*. Die prächtige Fassade mit ihren dunkel gestrichenen Backsteinen und der reichen Verwendung von Taustein in ihren Gliederungen erinnert an das Haus Am Sande 1. Wie dort finden sich auch an diesem Bau die Friese mit farbig glasierten Terrakottamedaillons, welche männliche und weibliche Büsten in der Tracht der Zeit zeigen. So kann deren Entstehung in die Jahre um 1550 datiert werden. Auch die beiden Utluchten zuseiten des spitzbogigen Portals sind mit jenen am Haus Am Sande 1 zu vergleichen. An der Nordwand mit den großen Fenstern lässt sich der hohe Dielenraum im Inneren erahnen. Ein späterer Flügelbau in Fachwerk schließt den Bau nach Süden ab.

Lünertorstraße 4

Stift Roter Hahn

Auf Initiative eines Ratsangehörigen entstand das Stift Roter Hahn, das als letzter erhaltener Armenhof Lüneburgs in der Rotehahnstraße 14 bis 19 zu finden ist. Zur Straße stehen zwei mehrgeschossige Giebelhäuser von 1576 (Nr. 19) beziehungsweise von 1596 (Nr. 14). Auf massivem Erdgeschoss erhebt sich jeweils eine Fachwerketage mit kräftig ausgebildeten Fußhölzern. Der Fachwerkgiebel darüber ruht leicht vorkragend auf Volutenknaggen.

Beide Häuser verbindet eine übergiebelte Durchfahrt, die den Zugang zum malerisch wirkenden Hof mit mehreren kleinen eingeschossigen Buden ermöglicht. Vier von

Der Rote Hahn bot einstmals 20 Hilfsbedürftigen unentgeltlich Unterkunft. Zum Wohnraum zählten eine Diele mit Küche und Schlafecke im hinteren Bereich sowie eine Stube. Auf den Dachboden führte eine einfache Treppe.

ihnen – Nr. 15 bis 18 – entstanden aus Backstein und sind als Reihenhäuser unter einem gemeinsamen Dach vereint. In die Wohnungen führen mit Taustein überfangene Türöffnungen.

Das bescheiden anmutende Stift Roter Hahn unterschied sich architektonisch erheblich von den großen Stadtspitälern. Im 15. Jahrhundert wurden derartige Stiftungen durch einzelne Bürger, Gilden oder Handwerksvereinigungen immer häufiger geschaffen. Die Beweggründe waren wohl weniger Barmherzigkeit als vielmehr die Sorge um das eigene Seelenheil, denn die Stifter erwarteten von den Armen, dass diese sie in ihre Gebete einschlossen. Deshalb durften vorzugsweise fromme Mittellose in den Buden wohnen.

Auch zur Zeit leben in dem Gebäude bedürftige Menschen, sodass der Rote Hahn seinen sozialfürsorglichen Charakter bis heute bewahrt.

Ehemaliger Armenhof Roter Hahn

Auf dem Kauf

Das im Mittelalter zum Kloster Lüne gehörende Haus *Auf dem Kauf 9* ist eines der ältesten Gebäude Lüneburgs. Der Dachstuhl von 1361 wurde bei einem Brand 1983 zerstört. Der mächtige Backsteinbau besitzt einen einfachen Dreiecksgiebel mit regelmäßig verteilten Spitzbogenblenden. Die Fenster der unteren Geschosse sind stichbogig mit Kehlprofil gerahmt. Das gotische Portal mit profilierter Laibung hat eine spätbarocke Tür. Rokoko-Ornamente gestalten die Wangen der Treppe.

Auch das 1646 errichtete Haus *Auf dem Kauf 13* verdient mit seinem siebenteiligen Giebel und den beiden Utluchten Beachtung. Über dem profilierten, korbbogigen Portal befindet sich eine Sandsteinkartusche.

Auf dem Kauf 9
Stadthof Kloster Lüne

St. Nicolaikirche

St. Nicolaikirche

Im Stil französischer Kathedralen entstand die jüngste und kleinste der drei heute noch erhaltenen gotischen Kirchen Lüneburgs. Sie bildete das religiöse Zentrum der im Wasserviertel ansässigen Böttcher und der von der Schifffahrt lebenden Handwerker. St. Nicolaus war der Schutzpatron der Schifffahrt, daher wurde er zum Patron der Kirche gewählt. Schiffer und Böttcher hatten einen Anspruch auf ein freies Begräbnis, und immer mittwochs und samstags wurden Almosen für sie gesammelt.

Baugeschichte. Die St. Nicolaikirche zeigt, wie die Johannis- und die Michaeliskirche, Backsteinmauerwerk in gotischen Formen, ist aber im Gegensatz zu ihnen eine Basilika. Das Hauptschiff ragt 28 Meter gen Himmel, stattdessen bringen es die beiden Seitenschiffe nur etwa bis zur Hälfte dieser Höhe.

Die Bauarbeiten an der St.-Nicolai-Kirche begannen 1407; zwei Jahre später erhielt sie ihre erste Weihe. Chor und Langhaus waren bis 1420 relativ rasch vollendet, der Westturm entstand erst nach 1460. Die älteste Stadtansicht Lüneburgs von 1444 (Foto unten), die eine im Chorumgang angebrachte Altartafel bewahrt, zeigt die Kirche als kurzen, steilen Bau mit noch nicht fertiggestelltem Westteil. Die Errichtung des Turmes dauerte bis 1587. Danach musste er immer wieder instand gesetzt werden. Dennoch wurde 1760 das Glockenläuten wegen statischer Probleme eingestellt. 1811 zerstörte ein Blitzeinschlag die Turmspitze. 20 Jahre später musste der Kirchturm wegen Baufälligkeit abgerissen werden. Ersatz entstand bis 1895 in neugotischer Form und mit einer Höhe von fast 93 Metern.

Tiefgreifende Restaurierungsarbeiten in den Jahren 1845 bis 1853 sowie 1864 bis 1872 gaben der dreischiffigen Backsteinbasilika mit dem offenen Strebewerk ihr heutiges äußeres Erscheinungsbild.

i Seite 76

69

Kircheninneres. Wie der Außenbau ist der Innenraum von St. Nicolai stark durch die Restaurierung des späten 19. Jahrhunderts geprägt. Er birgt viele Schätze gotischer Malerei und Schnitzkunst. Durch die basilikale Bauweise wirkt das mit 35 Metern relativ kurze Mittelschiff sehr steil und schluchtartig. Ein für Norddeutschland einmaliges achtzackiges Sterngewölbe überspannt diesen Raum.

An das Langhaus schließt ohne Querhaus der *Chor* an, um den sich, als Verlängerung der beiden Seitenschiffe, ein erhöhter Chorumgang bildet. Die räumliche Vereinigung von Chorumgang und Umgangs-

70

Hauptaltar im Chor

kapellen im Bereich der Wölbung nimmt Vorbilder auf, die – wie auch die zweigeschossige Wandgliederung im Inneren – auf St. Marien in Lübeck verweisen.

Unter dem Binnenchor liegt der älteste Teil der Kirche: die sechseckige **Krypta**. Drei tiefe Nischen an den westlichen Seiten dominieren den durch ein Sterngewölbe geschlossenen niedrigen Raum. Das Gewölbe wird von einem mittleren Backsteinpfeiler getragen, dessen Basis und Kapitell aus Gipsstuck bestehen. Drei Stichbogenfenster zum Chorumgang lassen das Tageslicht auch in die Kapelle.

Ausstattung. Im Zentrum des Chores steht der matt golden glänzende, **vierflügelige Hauptaltar**. Er stammt inschriftlich von 1447 und gehörte bis 1861 zur Ausstattung der St. Lambertikirche, welche wegen Baufälligkeit abgerissen wurde. Den Schrein und die Innenseiten der inneren Flügel füllen 20 geschnitzte und reich vergoldete Szenen aus dem Leben Jesu von der Verkündigung bis zur Ausgießung des Heiligen Geistes.

Die bei der ersten Wandlung sichtbaren Malereien zeigen Szenen aus dem Leben der Märtyrer Simon Ze-

Bildtafel des Heiligenthaler Altars: „Martyrium des Apostels Andreas"

lotes und Judas Thaddäus und des hl. Lambertus. Sie wurden vom Hamburger Maler Hans Bornemann geschaffen, ebenso die Gestalten der Propheten Moses, Jesaia, Baruch, Jeremia, Hosea und Micha auf der Predella. Die Darstellungen der Opferung Isaaks und der Kreuzigung Christi auf den Außenseiten der Außenflügel sind wohl Werkstattarbeiten. Mit Ausnahme der Passionszeit ist der Altar stets geöffnet.

Der Vorgänger des heutigen Hauptaltars, der sogenannte **Heiligenthaler Altar** von 1444/47 (ursprünglich Altar des 1382 aus Heiligenthal in die Stadt verlegten Prämonstratenserklosters Am Berge), fand im Chorumgang einen

Vieles von der alten Ausstattung der St. Nicolaikirche ging im Laufe der Jahrhunderte verloren. Die 28 Nebenaltäre sind nicht mehr vorhanden und auch die Kanzel von 1576, die mit Figuren von Reformatoren geschmückt war, fehlt.

Bildtafel des Heiligenthaler Altars: „Bestrafung des Aegeas" mit der ältesten Ansicht Lüneburgs (1444), Detail auf Seite 69

hörte ursprünglich in die Cyriacuskirche am Fuße des Kalkbergs, die 1639 abgerissen wurde.

Ein **Nebenaltar** in der südlichen Umgangskapelle zeigt eine ehemals dreifigurige Kreuzigungsgruppe vom Lüneburger Bildschnitzer Volkmer Klovesten. Die Maria aus dieser Gruppe wurde 1979 gestohlen. Ein weiteres Kunstwerk vom Bildschnitzer Snitker ist an der Abschlusswand des nördlichen Seitenschiffs zu sehen: ein vermutlich aus St. Lamberti stammendes **Holzkruzifix von 1470**. Die 1899 von Philipp Furtwängler gebaute romantische **Orgel** mit ihrem neugotischen Prospekt wurde 1980 restauriert.

234 Stufen führen auf den Turm hinauf, vorbei an der 1491 von Gerhard van Wou gegossenen **Marienglocke**, der wertvollsten Glocke Lüneburgs.

neuen Platz – allerdings zerteilt in einzelne Reliefs und bemalte Tafeln. Eine der ebenfalls von Hans Bornemann geschaffenen 18 Bildtafeln, welche die Geschichten des Apostels Andreas und des hl. Laurentius darstellen, zeigt vor goldenem Hintergrund die bereits erwähnte älteste Stadtansicht Lüneburgs. An der noch ohne Dach dargestellten Kapelle St. Gertrud vor der Stadt lässt sich diese Tafel auf das Jahr 1444 datieren. Einen weiteren Blick auf die Stadt gewährt die Tafel in der mittleren Kapelle des Chorumgangs an der linken Seite. Sie zeigt die Begegnung Abrahams mit Melchisedek. Hier ist die 1447 vollendete Kapelle St. Gertrud mit Dach dargestellt.

Das vom Lüneburger Glockengießermeister Ulricus hergestellte **Bronzetaufbecken (um 1325)** ge-

Taufbecken (um 1325)

Bei der Ratsmühle

Im Eintrittsgebiet der Ilmenau in die Stadt wurde 1597 die Ratsmühle errichtet. Sie liegt im Gegensatz zur Abtsmühle und zur Lüner Mühle etwas flussaufwärts und zählte somit früher zu den „obersten molen".

Der Lüneburger Rat erwarb im 15. Jahrhundert das Mühlenareal, das zuvor den Herzögen von Braunschweig-Lüneburg gehörte. Auf dem Gelände gab es mehrere verschiedene Mühlen, so eine Papier-, eine Korn-, eine Öl- und eine Schleifmühle. Um 1660 drehten sich hier elf Wasserräder. Im 18. Jahrhundert ist von zwei Kornmühlen, einer Loh- und einer Walkmühle sowie einer Beutlermühle die Rede

Die Ratsmühle diente der Getreideversorgung, die um 1600 ein eigens dafür eingesetzter Ratsmühlenmeister sicherzustellen hatte. Ihm unterstanden mehrere Müllerburschen. Sie mussten die Mahlsteine nachschleifen, schmierten Apparaturen und ersetzten verschlissene Teile. Auch versorgten sie die Pferde und Schweine der üblicherweise zur Mühle gehörigen kleinen Landwirtschaft. Der Meister, der auf dem Mühlengelände wohnte, hatte indes als gelernter Zimmermann das Gebäude instand zu halten und jeden Abend die Ilmenau zur Sicherheit mit dem Sperrbaum zu schließen. Außerdem verwaltete er die Ge-

Ratsmühle

treideverkäufe. Für seine Arbeiten erhielt er neben seinem Lohn auch Korn. Im 19. Jahrhundert wurde zwar das Gelände an einen Privatunternehmer verkauft, die Mühle mahlte jedoch noch bis zum Zweiten Weltkrieg Getreide.

Um die Stadt Lüneburg mit Trinkwasser zu versorgen, baute man ab 1568 den Turm der **Ratswasserkunst**. Er wurde 1874 aufgrund des steigenden Wasserbedarfs erhöht und verlor dabei sein Spitzdach. Heute präsentiert sich der schmucklose Backsteinturm dank einer Rekonstruktion im Jahre 1971 wieder in ursprünglicher Form mit Fachwerkobergeschoss und Walmdach.

Kalandshaus mit Neuem Wasserturm

Vom nahegelegenen *Neuen Wasserturm* bietet sich eine wunderbare Aussicht auf das gesamte Gelände, auf die Stadt Lüneburg und in die Umgebung. Per Lift geht es 56 Meter hinauf zur Aussichtsterrasse des Turms. Der in neugotischen Formen Anfang des 20. Jahrhunderts errichtete Bau diente bis 1985 der Trinkwasserversorgung.

Museum Lüneburg

Ende 2014 eröffnet das neue Museum an der Wandrahmstraße. Es vereint das Fürstentummuseum und das Naturmuseum sowie die stadtarchäologische Sammlung, und zwar in einer interdisziplinären Ausstellung. So werden unter dem Motto „natur MENSCH kultur" naturkundliche und kulturgeschichtliche Gegenstände mit- und nebeneinander unter verschiedenen thematischen Aspekten präsentiert. Im Fokus steht der Mensch als Gestalter seiner Umwelt – früher, heute und in Zukunft. Allein aus dem Fundus des Fürstentummuseums standen den Ausstellungsmachern über 100 000 Stücke zur Auswahl, darunter Skulpturen, Gemälde, Münzen, Keramik, Urkunden, Globen und Karten, wie die mittelalterliche Ebstorfer Weltkarte.

Das Gebäudeensemble besteht aus dem dreiteiligen lang gestreckten Neubau mit Terrasse, die fast bis zur Ilmenau reicht, dem nach seinem Architekten Franz Krüger benannten Bau von 1908, dem sogenannten 70er-Jahre-Bau von 1970, der nach der Zerstörung des Museumsgebäudes 1945 den Südflügel ersetzte, und dem Gründungsbau von 1891.

Kalandshaus

Das für den bereits 1455 genannten Kaland, eine überwiegend von Klerikern getragene Bruderschaft, um 1481 errichtete Gebäude fiel mit der Reformation und der Aufhebung der Bruderschaft an den Rat der Stadt. Dieser wies es dem jeweiligen Rektor des Gymnasiums Johanneum als Wohnhaus zu.

Die durch reiche Blenden mit Taustabrahmungen stark gegliederte Fassade mit hohen Fenstern im Erdgeschoss und dem bekrönenden Staffelgiebel entspricht, wie auch die innere Struktur des Hauses mit hoher Diele, dem Typus des Lüneburger Kaufmannshauses.

Verschiedenartige Nutzungen und nachlässiger Umgang mit der Bausubstanz beeinträchtigten im Laufe der Zeit die innere und äußere Gestalt des Hauses. 1896/97 stellte der damaligen Stadtbaumeister Richard Kampf die Fassade in alter Form mit dem Staffelgiebel wieder her. Aus dieser Zeit stammen auch der figürliche Schmuck in den Nischen oberhalb der spitzbogigen Tür und die Wappen in den taustabgerahmten Feldern; rechts das Wappen des Fürstentums Lüneburg, allerdings seitenverkehrt, und links dasjenige der Stadt.

Ab 1871 diente der Bau dem benachbarten Gymnasium Josephinum als Turnhalle. Im Sommer und Herbst 1943 waren hier bis zu 150 Häftlinge des KZ Neuengamme untergebracht, die in der Stadt Deckungsgräben ausheben und Luftschutzräume anlegen mussten. Eine Tafel am Haus erinnert daran.

Adressen und Öffnungszeiten

St. Nicolaikirche
Lüner Straße 15, Tel. (0 41 31) 2 43 07 70
www.st-nicolai.eu • www.turmfuehrungen.de
Öffnungszeiten: Januar bis März 10 - 16 Uhr, April bis Dezember 10 - 18 Uhr
Turmbesichtigung: nach Absprache (Tel. 0 41 31 - 8 98 37 11)

Wasserturm
Bei der Ratsmühle 19, Tel. (0 41 31) 789 59 19, Fax: 789 59 29
Öffnungszeiten: täglich 10 - 18 Uhr
Führungen (von Schülern angeboten): Mi 15 Uhr und Sa 11 Uhr
kulturelles Programm an Vollmondabenden und an jedem ersten Sonntag im
Monat Jazz live

Museum Lüneburg (Eröffnung Ende 2014)
Wandrahmstraße 10, Tel. (0 41 31) 7 20 65-12, Fax: 7 20 65-21
www.museumlueneburg.de

Kloster Lüne mit Textilmuseum
Am Domänenhof, Tel. (0 41 31) 5 23 18, Fax: (0 41 31) 5 60 52
www.kloster-luene.de, E-mail: info@kloster-luene.de
Besichtigung des Klosters nur mit Führung: 1. April bis 15. Oktober Di bis Sa
10.30 Uhr, 14.30 Uhr und 15.30 Uhr, So/Fei 11.30 Uhr, 14.30 Uhr und 15.30 Uhr
Montags und Karfreitag geschlossen
Gruppen auf Anfrage, Anmeldung erwünscht.
Öffnungszeiten Textilmuseum: Di bis Sa 10.30 - 12.30 und 14.30 - 17 Uhr, So/
Fei 11.30 - 13 und 14.30 - 17 Uhr

Theater und Kultur

Theater Lüneburg
An den Reeperbahnen 3, Tel. (0 41 31) 4 21 00, *www.theater-lueneburg.de*
Repertoire: Musiktheater, Schauspiel, Ballett; diverse Konzerte (546 Sitzplätze)
sowie Junge Bühne T.3 und Studiobühne T.NT
Öffnungszeiten Theaterkasse:
Mo 10 - 13 Uhr, Di bis Sa 10 - 13 und 17 - 19 Uhr, So (nur bei Abendveranstal-
tungen) 17 - 18 Uhr; Tel. (0 41 31) 4 21 00; E-Mail: kasse@theater-lueneburg.de

Kleines Keller-Theater
Bunsenstraße 82, Tel. (0 41 31) 85 00 11, *www.kleineskellertheater.de*
Repertoire: Komödien, Krimis, Märchen und Sketche
Spielstätte: im Keller unter der Paul-Gerhardt-Kirche

Kulturforum Lüneburg e. V.
Gut Wienebüttel, Tel. (0 41 31) 67 13 55, *www.kulturforum-lueneburg.de*
Wechselnde Galerien oder Kunstausstellungen
Konzertscheune/Brettlbühne für diverse Musikveranstaltungen, Theaterforum

theater im e.novum
Munstermannskamp 1, Tel. (0 41 31) 78 98-222, *www.theater-enovum-lueneburg.de*

Am Kloster Lüne

Vom Kloster in die Heide

Lüneburger Heide

Kloster Lüne

Nordöstlich der historischen Innenstadt befindet sich jenseits der Ilmenau das Kloster Lüne. Die malerische Anlage ist von spätmittelalterlichen Bauten geprägt. Reiche Bestände an Kunstgegenständen, die überwiegend im Kloster selbst entstanden sind, blieben bis in unsere Tage erhalten.

Seite 76 ℹ

Baugeschichte. Weder Jahr noch Umstände der Gründung sind eindeutig gesichert. Hinweise gibt der Wortlaut einer nicht mehr erhaltenen Urkunde von 1172. Danach zog sich um 1140 ein Mönch des Lüneburger Michaelisklosters als Eremit in die Nähe des Platzes zurück, an dem sich heute das Kloster Lüne befindet. Nach einigen Jahren verließ er die Einsiedelei aus unbekanntem Grund. Der Abt des Michaelisklosters ließ an der Stelle eine Kapelle errichten, die 1157 geweiht wurde.

1172 war diese Anlage in der Weise ausgebaut, dass sie einem Frauenkonvent Unterkunft bot. Beweise gibt es dafür nicht. Man weiß lediglich, dass in Lüne ein Frauenkonvent existierte, der sich urkundlich erstmals 1272 zum Orden der Benediktiner zurechnete.

Die Klosterchronik berichtet von Bränden im 13. und 14. Jahrhundert, die Veränderungen der Baulichkeiten nach sich zogen, aber nicht, wie gelegentlich vermutet wird, zu einer Verlegung des Klosters an die heutige Stelle führten. Es befindet sich nach wie vor am ursprünglichen Platz. Einen deutlichen Akzent in der Klostergeschichte setzte die Ein-

Kreuzgang mit Friedhof

Sommerrefektorium

führung der spätmittelalterlichen Klosterreform im Jahre 1481, die mit großem Eifer umgesetzt wurde und zu einer Blütezeit des Klosters führte, getragen von einer intensiven Frömmigkeit.

1529 widersetzte sich der Konvent energisch der Einführung der lutherischen Lehre. Der Klosterbesitz wurde durch den Landesherrn eingezogen, das Kloster blieb aber – wie alle Frauenklöster des Fürstentums Lüneburg – als eigenständige Einrichtung bestehen. Es dauerte einige Jahrzehnte, bis sich die lutherische Lehre endgültig durchsetzte. Diverse Klosterordnungen und Einzelanweisungen regelten das Leben in dem evangelischen Kloster, das von 1711 bis 1959 Töchtern des landsässigen Adels vorbehalten war. Bis heute lebt hier ein Konvent von evangelischen Damen.

Baubeschreibung. Kern des Baukomplexes ist das Klostergeviert mit der Kirche im Norden und den jeweils im rechten Winkel anschließenden Flügeln, die über den Kreuzgang erreichbar sind. Diese Gebäude wurden bald nach 1372 errichtet, später erweitert und verändert.

Heutige Besucher betreten die Anlage durch die **Brunnenhalle** in der Südwestecke mit dem bronzenen Laufbrunnen aus dem Anfang des 15. Jahrhunderts. Der ursprüngliche Zugang in den Klosterbereich erfolgte von Norden her in den Westteil des nördlichen Kreuzgangflügels. Dieser besitzt Kreuzgewölbe aus dem späten 14. Jahrhundert, während die übrigen Flügel ihre Kreuzrippengewölbe um 1520 erhielten. Von den Farbverglasungen des 15. und 16. Jahrhunderts haben nur geringe Reste überdauert.

i Seite 76

Im Südtrakt erreicht man vom Kreuzgang aus den *Kapitelsaal*, der im 18. Jahrhundert neu gestaltet wurde. Vor der Westwand steht der Äbtissinnenthron von 1708, bekrönt von einer Figur des Klosterpatrons St. Bartholomäus. An den Wänden hängen die Porträts aller Äbtissinnen von der Einführung der lutherischen Lehre bis heute.

Der westliche Klosterflügel nimmt das *Refektorium* auf, das 1493 unter Propst Schomaker und Priorissa von Bodendike neu gestaltet wurde, worauf deren Wappenmedaillons an der Decke verweisen. Aus dieser Zeit stammen die Segmentbogenfenster der Westwand mit fein profilierten Sandsteinpfosten. Die dekorative Rankenbemalung und den Figurenfries an der Ostwand verdecken zum größten Teil die 1721 nach Abschaffung der gemeinsamen Mahlzeiten entstandenen hölzernen Einbauten.

In den Obergeschossen des südlichen und westlichen Traktes lagen die *Zellen der Nonnen*, erreichbar über einen Mittelkorridor. Der Korridor im Südteil heißt Uhlenflucht, der im Westteil Sarggang – seine im Querschnitt trapezförmige Holzdecke führte zu dem Namen. Die Zellen besitzen unterschiedliche Ausgestaltungen verschiedener Epochen, teilweise auf Leinen gemalte landschaftliche, biblische oder allegorische Darstellungen und Verkleidungen aus niederländischen Fliesen.

80

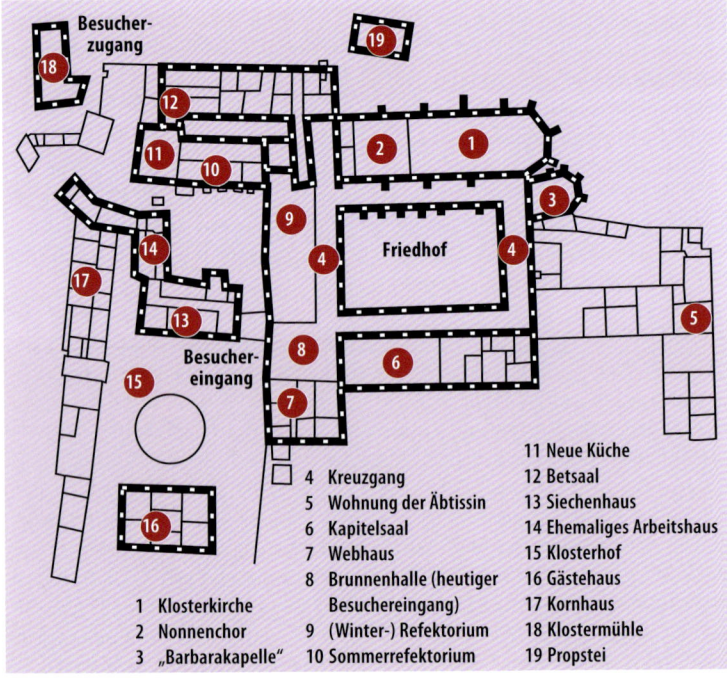

1 Klosterkirche
2 Nonnenchor
3 „Barbarakapelle"
4 Kreuzgang
5 Wohnung der Äbtissin
6 Kapitelsaal
7 Webhaus
8 Brunnenhalle (heutiger Besuchereingang)
9 (Winter-) Refektorium
10 Sommerrefektorium
11 Neue Küche
12 Betsaal
13 Siechenhaus
14 Ehemaliges Arbeitshaus
15 Klosterhof
16 Gästehaus
17 Kornhaus
18 Klostermühle
19 Propstei

Wohnraum an der Uhlenflucht

In Verlängerung des südlichen Kreuzgangflügels nach Osten liegt die Äbtissinnenwohnung. Im Winkel zwischen dem östlichen Kreuzgangflügel und der Kirche befindet sich die *„Barbarakapelle"*. Sie wurde zeitgleich mit dem Chor der Klosterkirche als Sakristei gebaut und vom 17. bis zum 19. Jahrhundert als Grablege für Äbtissinnen benutzt. Dem entspricht das Bildprogramm auf dem 1662 geschaffenen Altartriptychon, das als Mitteldarstellung die Grablegung Christi zeigt. Bei der Restaurierung 2007 entdeckten die Fachleute Gewölbemalereien des späten 16. Jahrhunderts.

Die in schlichten Formen aufgeführte *Kirche* verfügt über eine reiche Ausstattung. Es dominiert der große *Schnitzaltar von 1524*, der die Programmatik eines Passionsaltars aufnimmt. Im Mittelfeld erscheint die Kreuzigung Christi, dar-

über eine Himmelfahrtsdarstellung. An der nördlichen Chorwand ist der aus dem 15. Jahrhundert stammende *Propststuhl* aufgestellt. Mit der *Kanzel von 1608* und der *Orgel* samt prächtig geschmücktem Prospekt von 1645/51 finden sich in der Kirche Elemente aus der barocken Zeit. Weitere Akzente setzen *Epitaphien* des 16. bis 18. Jahrhunderts.

Der auf einer Empore gelegene *Nonnenchor* ist vom Sarggang aus erreichbar und mit eindrucksvollen Kunstwerken ausgestattet. Besondere Beachtung verdient ein *Tafelbild* mit der Beweinung Christi aus der Werkstatt Lucas Cranachs d. Ä. von 1538. Aus dem 15. Jahrhundert stammen das hölzerne *Sakramentshäuschen* und die beiden *Triptychen* mit dem Schmerzensmann. Seit 1649 bereichert eine Ornamentierung die Rahmung der um 1490 datierten *Leuchter-Madonna*.

Um 1497 wurde die Kirche nach Westen um ein Joch verlängert. Im Zusammenhang mit diesen Baumaßnahmen stehen weitere Vergrößerungen des Klosterkomplexes nach Westen, die einen neuen, fast quadratischen Innenhof entstehen ließen. Der Nordtrakt an diesem Hof nimmt das sogenannte **Sommerrefektorium**, die ehemalige Küche, auf. Es liegt im rechten Winkel zum (Winter-) Refektorium und ist mit diesem verbunden. Vom späten 16. bis zum frühen 20. Jahrhundert hat es immer wieder Veränderungen und Erweiterungen der baulichen Struktur und der Gesamtanlage gegeben. Außerhalb des Klosters liegen die Propstei, errichtet zu Beginn des 16. Jahrhunderts, der Klosterkrug von 1570 und die Mühle von 1572.

1995 wurde ein **Textilmuseum** eröffnet, in dem der reiche Schatz des Klosters an mittelalterlichen Textilien präsentiert wird. Die großen farbigen Bildteppiche und Banklaken stammen aus der Zeit der spätmittelalterlichen Klosterreform. Älter sind hingegen die Weißstickereien, vornehmlich Altar- und sogenannte Hungertücher, mit denen in der Passionszeit die Sicht auf den Hochaltar verdeckt wurde. Zur Ausstellung gehören auch zwei doppelseitig bemalte Prozessionsfahnen aus der Zeit um 1410. Sie zeigen die Verkündigung an Maria und Christus in der Vorhölle bzw. die Anbetung der Könige und die Auferstehung Christi.

Allegorien der fünf menschlichen Sinne, Gemälde im Winterrefektorium

Ausflüge in die Umgebung

Lüneburger Heide

Der ausgedehnte Natur- und Kulturraum Lüneburger Heide umfasst etwa das Gebiet zwischen Hamburg und Braunschweig sowie zwischen Bremen und Wittingen. Typische Heidelandschaft mit Heideteppichen und Wacholderbüschen beschränken sich inzwischen jedoch auf viele kleine Oasen.

Herzstück der Region ist das *Naturschutzgebiet* Lüneburger Heide, das mit dem Naturpark gleichen Namens flächenmäßig beinahe identisch ist und sich etwa 35 Kilometer südwestlich von Lüneburg auf einer Fläche von 234 km² ausbreitet. Im Landkreis Lüneburg sind besonders die Heideflächen um Rehrhof, auf dem Kronsberg und der Oldendorfer Totenstatt sowie die Schwindebecker Heide für eine Erkundung

www.verein-naturschutzpark.de

per pedes, Rad oder Pferd empfehlenswert.

Um in den Genuss der violetten Heidelandschaften zu kommen, sollte man am besten zwischen Anfang August und Mitte September in die Lüneburger Heide reisen. Die dann vorherrschenden klimatischen Bedingungen sind optimal für die Gemeine Besenheide. Die Moorheide blüht bereits ab Juli, sie kommt allerdings seltener vor.

In der gesamten Heide leben derzeit noch 19 Herden hauptsächlich der Graugehörnten *Heidschnucke* – der kleinsten Schafrasse überhaupt. Heidschnucken stammen von sardinischen und korsischen Mufflons ab, die vor etwa 1 000 Jahren auf

84

Rehrhofer Heide

das Festland gebracht und domestiziert wurden. Man hält sie heute vor allem für die Fleischproduktion (wildähnlicher Geschmack) und zur natürlichen Pflege der klassischen Heidelandschaft.

Beliebte Touristenziele im Naturschutzgebiet sind unter anderem der Heidegarten in Schneverdingen mit einhundert verschiedenen Sorten und der nur ohne Kraftfahrzeug erreichbare Ort Wilsede. Der nahegelegene Wilseder Berg ist mit 169 Metern die höchste Erhebung der Lüneburger Heide.

Elbtalaue

Die Elbe bietet in ihrem Verlauf eine großräumige Landschaftsstruktur und vielfältige Auenlandschaften. Das Schutzgebiet erstreckt sich über 400 Kilometer und berührt fünf Bundesländer. Die 3 750 km² große Fläche entspricht etwa der Größe des Bodensees.

In der Nähe von Lüneburg befindet sich die Elbtalaue. Sie wurde wegen ihrer seltenen Vogel- und Pflanzenarten zum UNESCO-Biosphärenreservat erklärt und reicht von Hohnstorf bis Bleckede.

www.lueneburger-elbtalaue.de

Die Elbtalaue lässt sich wunderbar zu Fuß oder mit dem Rad auf dem Elberadweg erkunden. Dabei lohnt sich ein Besuch des *Schiffshebewerks Scharnebeck*, das zu den größten Schiffsfahrstühlen Europas zählt. Hier werden Schiffe um 38 Meter gehoben. Wer erleben will, wie

5 700 Tonnen in drei Minuten aufwärts steigen, kann einen Ausflug mit einem Fahrgastschiff buchen (Reederei Helle, Tel. 04153-592848) oder die beiden rund um die Uhr geöffneten Besucherplattformen ansteuern. Die Ausstellungshalle ist von März bis Oktober täglich von 10 bis 18 Uhr geöffnet. (www.schiffshebewerk-scharnebeck.de)

Auskünfte zum Schiffshebewerk gibt auch der Verkehrsverein Scharnebeck (Tel. 04136-90721).

Im Schieringer Forst bei Barskamp liefern *steinzeitliche Hünengräber* Zeugnis von der Sesshaftwerdung der Menschen, die hier Ackerbau und Viehzucht betrieben. Auffällig sind die aus Findlingen errichteten Großsteingräber, auch Megalithgräber genannt. Der Name „Hünengrab" gründet sich auf dem Glauben, dass diese von Riesen (Hünen) erbaut worden seien.

In Bleckede bietet das um 1600 erbaute Schloss auf 1 000 Quadratmetern eine abwechslungsreiche *Ausstellung über das Biosphärenreservat Elbtalaue*. Besucher begleiten beispielsweise den Vogelzug der Gänse oder tauchen im Elbeaquarium in die Unterwasserwelt ab. Geöffnet ist von April bis Oktober täglich von 10 bis 18 Uhr und von November bis März Mittwoch bis Sonntag von 10 bis 17 Uhr.

In der Schlossanlage finden Veranstaltungen wie Jazzabende, das „Elb-Schloss Festival" und das historische Burgfest ein passendes Ambiente.

www.elbschloss-bleckede.de

Mühle von Artlenburg

Direkt an der Elbe in dem kleinen Ort Artlenburg an der B 209 grüßt eine liebevoll restaurierte *Holländer-Windmühle* die vorbeifahrenden Schiffe. Sie wurde 1890 an der Stelle errichtet, an der ein Jahr zuvor eine Windmühle aus dem Jahr 1831 niedergebrannt war. Besichtigungen können unter Tel. (04139) 7159 vereinbart werden.

Bardowick

Erstmals wurde Bardowick 795 erwähnt und beeindruckt vor allem durch den sogenannten *Dom St. Peter und Paul*, eine in Teilen noch romanische doppeltürmige Stiftskirche. Sie stammt im Wesentlichen aus dem Ende des 14. Jahrhunderts, bewahrt aber noch Baureste aus der Zeit um 1150.

Der kleine Ort war bereits im 8. Jahrhundert ein bedeutender Handelsplatz, da ihn die Kaufleute auf ihrem Weg in die slawischen Gebie-te nördlich der Elbe passieren mussten. Politische Bedeutung erlangte Bardowick, als es nach der Unterwerfung der Sachsen von Karl dem Großen (747 - 814) als Grenzort gegen die Slawen ausgebaut wurde.

Die Ilmenau war damals erst ab Bardowick für Schiffe befahrbar; Elbe und Ilmenau stellten eine wichtige Verkehrsader zum Meer dar. Auch das in Lüneburg gewonnene Salz wurde auf dieser Strecke transportiert. Da sich im Laufe der Jahre die Wasserstände der Elbe zugunsten Lüneburgs veränderten, verdrängte die Salzstadt den kleinen Ort immer mehr als Handelszentrum. Mit der Zerstörung Bardowicks durch Heinrich den Löwen 1189 ging die einstige Bedeutung gänzlich verloren. Heute lockt der Ort mit einer Vielzahl von Urlaubs- und Freizeitmöglichkeiten, vom Golfspielen bis zum Eislaufen. www.bardowick.de

Dom von Bardowick

Tourist-Information

Tourist-Information der Lüneburg Marketing GmbH
Rathaus/Am Markt, 21335 Lüneburg, *www.lueneburg.info*
Tel. 0800 - 220 50 05 (kostenfrei), Fax: (0 41 31) 2 07 66 44
Email: touristik@lueneburg.de
Öffnungszeiten: Mai bis Oktober Mo bis Fr 9.30 - 18 Uhr, Sa 9.30 - 16 Uhr, So 10 - 16 Uhr, Nov. bis April Mo bis Fr 9.30 - 18 Uhr, Sa 9.30 - 14 Uhr
Stadtführungen: Mai/Juni/Juli/Oktober täglich 11 Uhr, Sa 11.30 und 14 Uhr, August/September täglich 11 und 14 Uhr, November bis April Mi und Sa 11 Uhr, während des Weihnachtsmarktes täglich 11 Uhr, Sa 11.30 und 14 Uhr
(für Gruppen auch nach Vereinbarung)

Das Angebot an **thematischen Stadtführungen** und Erlebnistouren ist sehr vielfältig. Neben dem klassischen Rundgang in verschiedenen Variationen bezüglich der Ausdehnung und des Schwerpunkts gibt es auch Führungen speziell für Kinder. Nur für Erwachsene hingegen sind die Rundgänge mit Nachtwächter Claas und Fischers Trine sowie die Tour „Von Seuchen, Salben, Scharlatanen". Außerdem kann man sich von kostümierten Stadtführern in typischer Renaissance-Kleidung oder von berühmten Lüneburgern wie Heinrich Heine und Johann Sebastian Bach die Stadt erklären lassen.

Es gibt beispielsweise einen **salzigen Stadtrundgang**, eine Führung durch das **Senkungsgebiet** oder auf den Spuren der **Hanse** und eine Route nur durch die drei gotischen **Kirchen** St. Johannis, St. Michaelis und St. Nicolai.

Drehort Lüneburg „Rote Rosen"

Historisch beeindruckend und jugendlich frisch, gepaart mit viel Romantik – dieses Lüneburger Flair begeistert seit 2006 auch die Filmemacher der Telenovela „Rote Rosen". Und so kann es durchaus geschehen, dass Besucher der Stadt direkt erleben, wie neue Szenen gedreht werden. Das Filmhotel „Drei Könige" heißt in Wahrheit Hotel Bergström und liegt direkt am Hafen.
Die Tourist-Information bietet Stadtführungen und Tagesprogramme ganz im Zeichen Roter Rosen an und (ver-)führt an die Originaldrehorte der Lüneburger Innenstadt sowie zum Gutshof Flickenschild in Neetze.

Traditionelle Feste

Heideblütenfest – Mitte August
Festwoche in Amelinghausen mit zahlreichen Veranstaltungen; Höhepunkt: Wahl der Heidekönigin

Sülfmeistertage – Ende September / Anfang Oktober
1472 erstmalig erwähnt, auch bekannt als „Kopefest", vier tolle Tage mit Musik, Tanz, Theater, Wettspielen und Festumzug

Weihnachtsmarkt – Dezember
„Giebel erstrahlen im Licht" vor dem Rathaus (ab Mittwoch vor dem 1. Advent) und am 2. Advent verbreitet außerdem der Historische Christmarkt rund um die St.-Michaelis-Kirche weihnachtliche Atmosphäre.

Freizeit • Essen • Übernachten

Kino

Filmpalast (8 Säle)
Fährsteg 1, Tel. (0 41 31) 3 03 32 22
www.lueneburg.filmpalast-kino.de

SCALA-Programmkino
Apothekenstr. 17, Tel. (0 41 31) 2 24 32 24
www.scala-kino.net

Freizeit und Sport

Salztherme Lüneburg
Uelzener Straße 1-5, Tel. (0 41 31) 7 23-0
www.salue.info
Öffnungszeiten:
Mo bis Sa 10 - 23 Uhr, So/Fei 8 - 21 Uhr
Sole-Außenbecken mit Strömungskanal,
Wasserfontänen und Geysiren, Sole-Wellenbecken, Sole-Entspannungsbecken,
Whirlpool, 90-Meter-Riesenrutsche

Fahrradtouren
ADFC Kreisverband Lüneburg
Katzenstraße 2, Tel. (0 41 31) 4 78 23
www.adfc-lueneburg.de

Fahrradverleih am Bahnhof Radspeicher
Bahnhofstraße 4, Tel. (0 41 31) 26 63 50
www.radspeicher.de

Minigolf im Kurpark
Öffnungszeiten:
Frühjahr bis Herbst Mo bis Fr 15 - 19 Uhr,
Sa, So, Feiertage 13 - 19 Uhr
Tel. 0177 - 728 29 02

Minigolf am Sültenweg auf den Sülzwiesen
Öffnungszeiten:
Frühjahr bis Herbst Mo bis Fr 14 - 20 Uhr,
Sa, So, Feiertage 13 - 20 Uhr
(Einlass je nach Witterung bis 19 Uhr)
Tel. (0 41 31) 74 90 14

Kanu Rahmann
auf dem Campingplatz Melbeck
Uelzener Straße 77, 21406 Melbeck
Tel. (0 41 34) 9 09 88 71

Kanu in Schröder's Garten
Vor dem Roten Tore 72 a
Tel. (0 41 31) 4 88 77

Amiki-Bowling
Lindenstraße 30, Tel. (0 41 31) 425 25
Meisterschaften, besondere Bowling-Veranstaltungen und spezielle Aktionen
Öffnungszeiten:
Mo bis Do ab 16 Uhr, Fr und So ab 15
Uhr, Sa ab 14 Uhr

Lifestyle Bowlingcenter
Bei der Pferdehütte 5
Tel. (0 41 31) 79 95 08
15 Bahnen, modernste Technik, Gastronomie, Events und Spezialangebote
Öffnungszeiten:
Mo bis Do 15 - 23.30 Uhr, Fr 14 - 2 Uhr, Sa
12 - 2 Uhr, So 11 bis 23.30 Uhr

Essen und Trinken

In der Altstadt verführen zahlreiche Cafés (teilweise mit Konditorei, wie in „Anna's Café", Am Stintmarkt 12a) zum Verzehr süßer Speisen und Getränke.
Herzhafte Gaumenfreuden bieten beispielsweise die Restaurants in den Hotels. Hier stehen *regionale und gutbürgerliche Gerichte* auf den Speisekarten, im „Zum Roten Tore" (Vor dem Roten Tore 3) um Köstlichkeiten *mit echtem Stint* ergänzt. Ebenfalls deftig geht es in der Heiligengeiststraße („Krone Bier- und Eventhaus","Brau- und Tafelhaus Mälzer") sowie in der Grapengießerstraße („Zum Alten Brauhaus") zu. Am Markt erwartet das *Steakhaus* „El Rado" seine Gäste.
Freunde der internationalen Küche finden *italienisch*e Restaurants, wie das „Osteria Rustica", Am Stintmarkt 11, und Gaststätten, in denen *chinesisch* („Shanghai", Schießgrabenstraße 1) oder *indisch* („India-Haus", Heiligengeiststraße 9) gekocht wird. Eine *Sushi*-Bar gibt es in der Schröderstraße, die sich an wärme-

ren Tagen in ein riesiges **Freiluftrestaurant** mit südlichem Flair und Speisen aller Art verwandelt. Eine solche Atmosphäre herrscht auch in Lüneburgs größter zusammenhängender **Kneipenmeile**: Am Stintmarkt direkt an der Ilmenau.

Übernachten

Lüneburg bietet unzählige Möglichkeiten der Übernachtung und das für die unterschiedlichsten Ansprüche und Geldbeutel. Die gelungene Kombination aus modernem **Luxus** und **historischem Ambiente** kann man in den diversen Gebäuden des Hotels „Bergström" (Bei der Lüner Mühle, Tel. 04131-3080) und auch im noch jungen Hotel „Einzigartig" (Lünertorstraße 3, Tel. 04131-4006000) genießen. In einem mittelalterlichen Backsteingiebelhaus schläft der Gast des Hotels „Zum Heidkrug" (Am Berge 5, Tel. 04131-24160) und wird darüber hinaus

mit Michelin-Stern-prämierter Küche verwöhnt. Insgesamt 56 Drucke von Lüneburg-Gemälden der Künstlerin Swantje Crone zieren die Zimmer der obersten Etage des Hotels „Das Stadthaus" (Am Sande 25, Tel. 04131-44438). Hier kann man auch ein mehrtägiges **Mal-Arrangement** mit der Künstlerin buchen.
Direkt im Stadtwald, also im Grünen, liegt die **Jugendherberge** (Soltauer Straße 133, Tel. 04131-41864), die in Einzel- und Doppelzimmern mit Dusche/WC auch gern Individualreisende aufnimmt. Und wer es noch naturnäher mag, der ist auf dem **Camping**platz Rote Schleuse (Tel. 04131-791500) 3,5 Kilometer südlich vom Zentrum, im Ilmenautal (Rote Schleuse) das ganze Jahr über willkommen. 15 Minuten von Lüneburg entfernt befindet sich außerdem der Campingplatz Heidehof Radenbeck (Am Mausethal 6, 21401 Thomasburg, Tel. 05859-9708309), der ebenfalls ganzjährig geöffnet hat.

Fototipps

Fotografieren in den Lüneburger Häuserschluchten birgt grundsätzlich die Gefahr stürzender Linien. Die Straßen und Gassen sind sehr eng, die Gebäude relativ hoch. Wer als ambitionierter Amateur schon einmal in ein Shift-Objektiv für seine KB-Spiegelreflexkamera investiert hat, wird hier endlich Gelegenheit bekommen, den Sinn dieser Aufwendung seinem ehelichen Finanzverwalter an zahllosen Beispielen zu erläutern.
Der **Platz Am Sande** ist hingegen weitläufig und vormittags gut beleuchtet. So attraktive Gebäude wie die Nummern 1, 31, 43, 46 und 50 lassen sich einfach fotografieren. Im Hochsommer empfiehlt sich ein zweiter Besuch am frühen Abend (im Juni/Juli zwischen 18 und 19 Uhr), um einige der Häuser auf der Nordseite und natürlich um die **Johanniskirche** mit ihrem imposanten Turm auf Film oder Sensor zu bannen.

In den Vormittagsstunden lassen sich die **Nicolaikirche** aus der Lüner Straße, die **Michaeliskirche** aus der Straße Auf der Altstadt sowie die Barockfassade des **Rathauses** vom Marktplatz aus fotografieren. Gleichwohl schöne wie einfache Motive sind nach Süden ausgerichtete Gebäude an offenen Plätzen. Dazu zählen das **Heinrich-Heine-Haus**, das **Herzogliche Stadtschloss** am Marktplatz sowie der **Alte Kran** und das barocke **Kaufhaus** am Ilmenauer Hafen.
Immer ein schönes Bild bringt der **Blick von oben**. In Lüneburg hat man hierfür gleich mehrere Möglichkeiten, die man zu unterschiedlichen Tageszeiten nutzen sollte. Die Plattform auf dem Neuen Wasserturm und der Kirchturm von St. Johannis eignen sich besonders am Vormittag für einen Fotoaufstieg, der Turm der Nicolaikirche (extrem enger Wendelstieg!) empfiehlt sich mehr zum Nachmittag.

Obere Ohlinger Straße.
Gleich mit den ersten Schritten vom Großparkplatz
an den Sülzwiesen Richtung Markt taucht man ein
in die herrlich bunte Lüneburger Backstein-Welt.

Verkehrsverbindungen

Anreise mit Auto. Lüneburg hat eine direkte Anbindung an die A 39 (ehemals A 250) nach Seevetal, wo man auf dem Maschener Kreuz in alle Richtungen wechseln kann. Diese Autobahn eignet sich grundsätzlich für die **Anreise aus dem Norden** über Hamburg und **dem Westen** (A 1 aus Richtung Bremen). **Aus Richtung Berlin** fährt man auf der A 24 bis Abfahrt Hornbek und über Lauenburg (Elbbrücke) auf der B 209 nach Lüneburg. **Von Süden her** sollte man die A 7 ansteuern und auf ihr Richtung Hamburg bis Abfahrt Garlstorf fahren. Über Salzhausen ist das dann die schnellste Verbindung.

Parken. Etwa 5 000 Parkplätze stehen in Lüneburg zur Verfügung – ein großer Teil davon in der Innenstadt oder ihrer Nähe. Zu den freien Plätzen (mit aktueller Anzeige) führt ein übersichtliches Parkleitsystem. Wenn man weniger Zeit zum Bummeln oder auch schwere Einkäufe zu tragen hat, bieten sich besonders die **Parkhäuser** an der Neuen Sülze und im Kaufhaus Am Berge an. Stadtnah sind auch die Parkhäuser Am Graalwall (Rathaus) und Bei der Ratsmühle.

Caravan. Für Wohnmobilisten gibt es in der Innenstadt den **Stellplatz „Sülzwiesen"** mit Strom sowie Wasserversorgung und -entsorgung. Toilette und Waschgelegenheit findet man auf dem benachbarten Parkplatz. Der **Campingplatz „Rote Schleuse"** liegt 3 km südlich vom Zentrum entfernt im Ilmenautal.

Fahrradfahren. Am besten kommt man in der Stadt mit dem Drahtesel vorwärts. Lüneburg belegte 2002 den 2. Platz im Wettbewerb „Fahrradfreundlichste Stadt Niedersachsens". Etwa 60 Prozent aller Einbahnstraßen dürfen in der Gegenrichtung befahren werden. Es bestehen zahlreiche Stellplätze und ein dichtes Netz an separaten Fahrradwegen.

Busse. In Lüneburg verkehren moderne Niederflurbusse auf insgesamt elf Stadtlinien. Die Haltestellen von vier dieser Linien werden tagsüber im 20-Minuten-Rhythmus angefahren. Außerhalb der Fahrplanzeiten kann man über die Lüneburger Rufnummer 5 33 44 ein Anrufsammelmobil (ASM) bestellen, das den Fahrgast sogar direkt bis vor die Haustür bringt. Als ASM-Neuling sollte man sich vorher telefonisch über die Gepflogenheiten dieser Dienstleistung informieren, um lange Wartezeiten zu vermeiden.

Bahn. Einige Züge des **IntercityExpress** Hamburg – Stuttgart bzw. Hamburg – München halten in Lüneburg. Von Berlin und Bremen aus kann man zwar auch im ICE anreisen, muss aber mindestens einmal umsteigen und kommt dann auf dem Lüneburger Bahnhof mit einer Regionalbahn oder dem sogenannten metronom der niedersächsischen Bahngesellschaft mit Sitz in Uelzen (Hundertwasser-Bahnhof sehenswert!) an. Zeitlich sind die meisten Züge des **metronom** mit den Lüneburger Bussen und neuerdings auch auf die Reisezeiten von Nachtschwärmern abgestimmt. Samstag und Sonntag morgen um 3.00 Uhr startet ein Zug von Hamburg Hbf nach Lüneburg! Seit Ende 2013 verkehrt der **Eurocity** Wroclaw-Hamburg und stellt eine Direktverbindung zwischen Lüneburg und Berlin her. Nach Reservierung ist hier auch das Mitnehmen von Fahrrädern möglich.

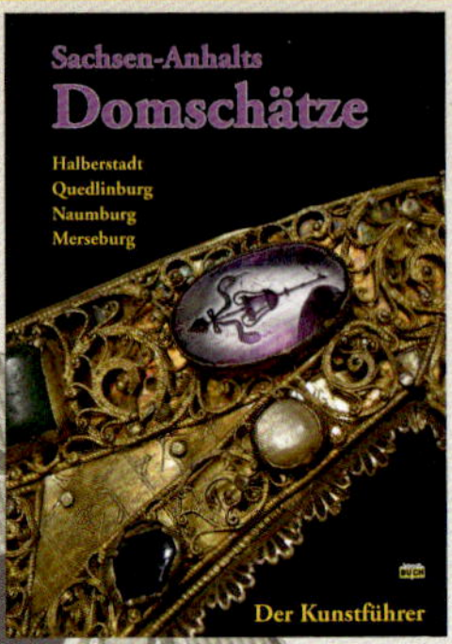

Titelbild: Lüner Mühle am alten Hafen
Foto Seite 2: An der Ilmenau mit Altem Kran und Kaufhaus

Bibliografische Information Der Deutschen Nationalbibliothek
Die Deutsche Nationalbibliothek verzeichnet diese Publikation in der
Deutschen Nationalbibliografie; detaillierte bibliografische Daten sind
im Internet über http://dnb.ddb.de abrufbar.

Es fotografierte Thorsten Schmidt
Foto S. 5: Kulturhistorische Sammlungen Museum Lüneburg
Foto S. 7: Salzmuseum Lüneburg
Fotos S. 77 oben und S. 78: Sabine Wehking

Lektorat: Marion Schmidt

© 2006 by Schmidt-Buch-Verlag
Die Winde 45; 38855 Wernigerode
Tel.: (0 39 43) 2 32 46, Fax: (0 39 43) 4 50 10
E-mail: info@schmidt-buch-verlag.de
5., veränderte und aktualisierte Auflage 2014, 21. - 25. Tsd.
Layout und Bildbearbeitung: Schmidt-Buch-Verlag, Wernigerode
Druck und Verarbeitung: Grafisches Centrum Cuno GmbH & Co. KG

Internet: www.schmidt-buch-verlag.de

ISBN 978-3-936185-83-6

96